JN232686

近代の茶室と数寄屋

茶の湯空間の伝承と展開

桐浴邦夫 著
田畑みなお 写真

淡交社

近代の茶室と数寄屋

茶の湯空間の伝承と展開

まえがき

近代建築史を書いた本の中に、近代の茶室・数寄屋《すきや》は、昭和の建築家たちの一部の作品を除いて、大きく取り上げられることはなかった。これまでの一般的な話として、である。また日本の近代において大きく注目を浴びた桂離宮も、一般の近代建築史の著述にはほとんど出てこない。もちろん桂離宮は江戸時代のはじめに新築されたものである。建築の評価を新築、あるいは新しい形態のみに求める、と考えるならばそうであろう。しかしはたしてそうであろうか。そのような疑問が、本書をまとめようと思ったきっかけであった。

建築を新築するには、資金のほか、知的・肉体的に膨大な労力を必要とするものである。新築することは、その建築にとって最も大きな出来事であることは、紛れもない事実である。しかし、忘れてならないのは、その建築を維持することにも、じつに大きなエネルギーを要することである。何十年・何百年といった年月にわたり、少しずつではあるが、所有者あるいは建築家や工匠《こうしょう》たちが、資金を工面し知恵を絞りながら、その建物を維持していくのである。また事情によって、その建物がそのままでは維持できなくなったとき、移築や改築などが施され、存命させることもある。

一般的に、日本建築における近代は、西洋に追いつこうとした時代、そしてそれに続く合理的に考えられた技術や意匠による時代、と把握される。さらに付け加えるならば、それらが新しく作られる、ということが大きな特徴であった。しかしその反面、古いもの、合理的でないものを消去した上での新築なのであった。それによって人間は多大な恩恵を受けてきた。生活レベルが大きく向上した。しかし少し急ぎすぎた近代によって、建築を維持すること、あるいは移築や改築を施し、その建物を存命させること、それらが軽んじられたのも大きな事実である。欧米の住宅の平均寿命は、国によっては百年を超えるというが、日本では、僅か三十年程度というデータがある。皮肉なことに、その意味で日本が近代建築の優等生なのであった。

常に、より新しいものを求める近代建築には、それ自身をも否定するという悲しみが組み込まれていた。つまりその思考からは、新しくなければその存在価値が認められないのである。歴史的関連を自ら否定した近代建築は、それ自身が歴史として存命することをいかに感じているのであろうか。

否、近代建築も可能な限り存命させるべきであろう。また、形を変えつつもそれは受け継がれるべきであろう。建築が新築されるとき、その時代を背景に、設計者、あるいは建築主の考えがそこに表現される。しかしその後、その制作者の意図のみならず、さまざまな要因によって、その意味は変化するものである。つまり設計者の意図とは、その建築にとって非常に重要な思考ではあることは事実だが、同時にそれはその建築にとってある時点における考えに過ぎない、という見方もできるのである。

極端な例であるが、現在世界遺産にも指定されている原爆ドームは、大正四年（一九一五）、チェコ人のヤン・レッツルによって、広島県物産陳列館として設計された建築である。日本各地に点在する明治大正期の銀行などの近代建築が、現在博物館や資料館として再生されている例は、よく見かけるものである。また、南禅寺大方丈は、豊臣秀吉によって造営された、内裏清涼殿《だいりせいりょうでん》が下賜されたものであり、仁和寺の金堂は、徳川幕府によって後水尾天皇即位に際して造営された、内裏紫宸殿《だいりししんでん》の建物である。そして本書でも扱っている星岡茶寮《ほしがおかちゃりょう》は、はじめは茶の湯を中心とした社交施設であったが、後には北大路魯山人《きたおおじろさんじん》によって、料理店へと変化した例である。さらに、ローマのサン・ピエトロ大聖堂は、十六世紀にミケランジェロによってその基本案が示され、交差部がミケランジェロの案、十七世紀に入り、身廊部と正面がマデルナの案、前面広場のコロネードはベルニーニの案によって建造されたものである。それぞれの建物は、それぞれ違う展開を持っているが、それぞれの時代において、大きな意味をもつのである。そして桂離宮については、江戸期にはきわめて私的な空間であったものが、明治に入り、公の性格を担わされることになったものである。

意図して新築したものを、意図して歴史に顕彰してゆく、その姿勢が近代的な視点による近代建築史なのであった。本書ではそれを否定しようとするものではない。それは近代の大きな特色であるのだから。しかしこのような立場から和風建築をみると、ともすれば新奇で個性の強いものだけが注目される傾向にあった。もちろんそれも大切ではあるが、あまりにもそのような視点に偏ってしまうことに、危惧《きぐ》を抱いているのである。もっとさまざまなものがあり、それらが幅広く顕彰されるべきであると考えるのである。建築を維持すること、そして保存、移築、改築、用途の転換など、さまざまな建築行為に眼差しを向けるべきである。近代以前から続く建築における総合的な意味での建築行為もまた、近代建築史の一コマである。

近年、環境問題が大きくクローズアップされている。ここでいう環境は次の二点である。移築や改築などによる資源のリサイクルという意味での自然環境的視点、そして歴史を紡ぐものとして文化環境的視点である。現代ではそれらの視点をもった建築の手法として、リノベーションという言葉もよく耳にする。古い建築を改修して、新たな生命を吹き込もうとする試みである。民家や町家の改修、あるいは近代洋風建築の再生など、おおはやりである。新築することのみに固執するのではなく、維持すること、移築・改築すること、これはじつに現代的、すなわち近代を超えた視点となりつつある。

しかし、それは、茶室・数寄屋においてはずっと以前から行われてきた行為であった。近代の茶室・数寄屋はその意味で、環境的側面の大きな建築である。つまり維新によって大打撃を受けた茶室は所有形態を変え、または移築が施され、後世に伝えられていった。あるいは古民家を改築し、さらには寺院の古材を組み込んだ茶室も作成された。時代の大きな変化に対して、したたかに生き延びたのである。そのようなところに着目すると、これまでになかった歴史の連続と拡がりがみえてくる。本書ではまずそこに注目し、話をすすめている。

そして、その茶室・数寄屋が、ある意味で正反対の性格を持った近代建築に大きく影響を与え、あるいは近代建築そのものとして扱われた。なんとも逆説的な展開である。しかし近代建築が過去から切り離された特異なものではなく、連続する長い歴史の一コマだとするならば、当然のことでもある。主に後半部分はそれに関連したことがらについての話である。

なお、ここでは茶室・数寄屋という言葉を使用しているが、それについて簡単に述べておこう。茶室はまさに茶の湯を行う空間で、その多くは抹茶席《まっちゃせき》であるが、一部煎茶席も扱っている。また、茶の湯を行うこともできる空間、という厳密には区分できない曖昧なものも含んでいる。そして数寄屋は、茶室の直接的な意匠や茶の湯などの数寄的思考の影響を受けた建物、あるいは茶の湯のみならず風流なものからの影響を受けたもので、これも曖昧さを含んだとらえかたである。

本書は筆者がこれまで著してきたもののうち、平成十五年『淡交』誌上に連載してきた「近代・茶室の伝承と展開」を中心に、平成十三年淡交増刊号『茶の湯この100年』の「茶の建築」、平成十二年近畿建築士会『HIROBA』誌上に連載の「歴史のまなざし」の一部、さらには学位論文の一部、そして建築学会や茶の湯文化学会で近年発表した内容を含むものである。ここに上梓するにあたり、それぞれの文章を再度見直し、大幅に書き改め、あるいは新しく書き加え、一部諸先学の研究の成果を加えて補強し、建築および茶の湯の初学者にも分かるようにまとめたものである。

近代の茶室と数寄屋

目次

第四章　近代的視点からの茶室・数寄屋…83

装丁　ウーム総合企画事務所　堀内仁美

第一章　近代建築史としての茶室・数寄屋

和風建築・近代への昇華

◆近代建築史概要

軍艦四隻を率いてペリーが浦賀沖に現れたのは、嘉永《かえい》六年（一八五三）六月のことである。翌七年、再び現れたペリーは神奈川沖に来泊し、このとき日米和親条約が締結調印される。ここに寛永十六年（一六三九）から二百年あまり続いた鎖国にピリオドが打たれるのであった。その後アメリカはハリスを初代駐日総領事として任命し、その求めに応じ、安政五年（一八五八）に大老井伊直弼《なおすけ》が勅許《ちょっきょ》なしで日米修好通商条約の調印を断行する。それは後に桜田門外の変へと連続することになる。しかしこれにより長崎、横浜、函館などに居留地が形成され、いわゆる洋館がそれらの地に築かれることになった。

これまでのゆるやかに過ぎていった二百年の反動といおうか、堰《せき》を切って刺激的な文物が西洋からもたらされた。幕府をはじめ有力な諸藩は、最新の技術の吸収に躍起《やっき》になっていた。製鉄のための反射炉や台場の建設、軍艦の建造、またそのためイギリスやフランスの技術者が来日し、日本からは西欧諸国へ若者が派遣された。

大政《たいせい》が奉還《ほうかん》され、新たに誕生した明治政府は、幕末に始まったこれらの新しい流れを更に推し進め、国力の増強を目指した。建築においては、いわゆる御雇建築家《おやといけんちくか》の活躍が見られ、建築教育のため工部大学校造家《ぞうか》学科が設立された。そうした状況の下、やがて日本人建築家が誕生するようになる。彼らは官の立場から、あるいは民の立場から、国家基盤の形成に関わるプロジェクトに携わることになった。彼らに与えられた使命は、西欧諸国に比肩《ひけん》すべき建築物の設計であった。それに携わったのは辰野金吾《たつのきんご》、妻木頼黄《つまきよりなか》、片山東熊《かたやまとうくま》らである。その彼らによる建築は、十九世紀のヨーロッパで主流であった過去の歴史様式を規範としたもので、それは歴史主義と呼ばれるものである。

しかし、世紀末に至って、新たな造形を求める新芸術運動が始まった。ちょうどその頃、留学していた武田五一、塚本靖等はヨーロッパの新しい潮流を日本に伝えた。いずれも過去の建築形態からのがれようとしたもので、ベルギー・フランスを中心に曲線を多用したアール・ヌーヴォー、マッキントッシュ率いるスコットランドのグラスゴー派、あるいはウィーンを中心に、過去からの分離を強く主張したセッションなどである。そして大正期になり、ヨーロッパから第二の新芸術のうねりが押し寄せてきた。彫塑的な表現、そして主観的イメージを元にした表現主義である。後藤慶二、岩元禄らが新たな建築造形を試みる。大正八年（一九一九）には村野藤吾《とうご》が「様式の上にあれ」と題する論文を著し、翌九年には堀口捨己《すてみ》、森田慶一らが分離派建築会を組織する。いずれも歴史様式からの分離を訴えたもので、ヨーロッパでの新しい動きに、大きく触発されてのことであった。

やがてこれらの動きも、建築を合理的にとらえようとする合理主義（モダニズム）によって収斂《しゅうれん》されていく。いわゆる白い四角い建築である。この頃のヨーロッパでは後発であったドイツからその流れは始まった。グロピウスやミース・ファン・デル・ローエによって大成され、フランスではル・コルビュジェが建築の新しい造形原理を提案する。日本では土浦亀城《かめき》、堀口捨己、前川国男、坂倉準三、丹下健三らによってそれは展開される。近代の建築造形運動は、鉄とコンクリートとガラスの箱として、ここに一つの方向の完成をみるのであった。

日本のモダニズムは戦後にその隆盛をみるが、同時にそこには更なる広い意味が加えられることが多かった。たとえば都市の問題、日本という地域性、気候風土などである。工業化に適した幾何学《きかがく》的な箱に、さまざまな要因が加えられ、より多様性をみせるようになる。

やがて、モダニズムに疑問が投げかけられるようになった。合理的に考えていくことへの閉塞《へいそく》感がそこにはあった。ポスト・モダンという考え方があらわれてきた。一九七〇年頃からである。そこではモダニズムが否定してきた歴史性やその引用、といったものが復活することになった。時同じくして明治・大正期の様式建築が再評価され、あるいは古建築を再生させた建築物などが注目を浴びるようになった。しかしながら時はバブル期へと向かい、建築は都市的な巨大なものへと進む一方、多様性を認めるあまり、地域社会に混乱を生じさせるものも多く出現するにいたった。

その反省のもと、環境的視点に注目が集まってきた。たとえば、地域環境をいかに保全するか、ということが重要な視点となった。もっとも、振り返るとずっと以前からこのような視点は存在していたのである。文化環境あるいは自然環境という環境的視点は、モダニズムをはじめとする近代の考え方とは、違った軸によって把握されるものである。モダニズムは一つの完成された様式であり、それは否定されるべきものではなかった。そして環境的思考は一方向に進んだ近代的な思考とは重なり合い、影響を与えあいながら展開していくものであろう。

◆近代「和」の認識

以上、近代の日本建築についてかなり大雑把に、無理を承知で概観したが、これをふまえて、日本在来の建築、すなわち和風建築がそれらとどのように関わりを持ってきたのか、ということについてみていきたい。ともすればただ単に時代遅れで古くさい建物として扱われたことと考えられる。しかしながら、それらは十分に近代建築の中に組み込まれているのであった。伝統が近代へ昇華するのである。

江戸期において在来の木造建築を担っていた大工棟梁達は、明治になって封建的な規制から解き放たれ、そこに自由な活躍の場が与えられた。ある者は居留地の洋館を錦絵などをたよりに独学で学びとり、ある者は在来の技術を更におしすすめた。いわゆる擬洋風《ぎようふう》建築は、彼らの技術力と創造力のたまものであった。

民家建築の白眉として知られる飛騨高山の吉島家住宅も大工技術の粋を集め、明治四十年（一九〇七）に西田伊三郎の手により完成したものである。

江戸時代はもちろんのこと、明治になってからもしばらくの間、一般的には「和」（日本在来、あるいはその系譜上に認識されるもの）の意識はなかった。しかし明治十年代なかば頃より「洋」に対する「和」が強く意識されるようになった。つまり欧化の方向に進めば進むほど、その対置として「和」の意識が無視できない存在として顕在

擬洋風建築　中込学校
（長野・佐久市　棟梁は市川代治郎）

明治の民家　吉島家住宅（岐阜・高山市　棟梁は西田伊三郎）

伊東忠太・真宗信徒生命保険（京都市）　西洋と東洋の様式が混在する

化するのである。

建築家としてそれに応えたのは、長野宇平治《うへいじ》の奈良県庁舎（一八九五）であった。これは「洋」の機能をもつ建築物に「和」の意匠を以て構成した。「和」「洋」をうまく一体化させた逸品であった。それは妻木頼黄《つまきよりなか》、武田五一の日本勧業銀行本店（一九〇五）、辰野金吾《きんご》、片岡安《やすし》の奈良ホテル（一九〇九）へと続く。

一方それに理論的に取り組んだのは伊東忠太《ちゅうた》であった。日本建築に視点を置いた多くの論文を発表するが、特に「法隆寺建築論」においては、法隆寺をギリシア神殿へとつなぐのである。その後伊東はそれを実証するためユーラシア大陸横断の旅に出る。帰国後「建築進化論」を著し、日本の木造建築の石造への進化の可能性を示す。これを広げた考えにはアジアへの展開も含んでいた。それは単なる外国への憧れや興味といったものではなく、日本の地理的連続によってとらえるのであった。近世から近代にかけての、ヨーロッパからアジア経由による「洋」の建築の伝播《でんぱ》をも意識したものであり、早くから「洋」の洗礼を受けたアジア建築が、日本建築の進化のためのサポートするものとして意味を持つと考えるのである。そして、真宗信徒生命保険（一九一二）にそれを実践する。同じ頃、武田五一はヨーロッパの新しい潮流に、浮世絵などの影響による日本的意匠について目覚める。つまり世紀末のヨーロッパにおける新しい展開に「和」の系譜をみるのであった。

この進化主義の展開は、大江新太郎の明治神宮宝物殿（一九二一）や岡田信一郎の東京歌舞伎座（一九二四）に連続する。また帝冠式《ていかんしき》という言葉がある。コンクリートの建築に瓦屋根を頂いた形である。下田菊太郎の帝国議会コンペ（一九一九）に対する提唱にはじまり、戦前にかけて一世を風靡することになる。

モダニズムへの展開において、堀口捨己が紫烟荘《しえんそう》（一九二六）を建築するが、オランダの表現主義の影響を受けたこの建築は、そこに当時の世界の建築思潮における日本的展開の可能性をしめすものであった。伊東が法隆寺をパルテノンに繋がることを示したのだが、逆に堀口は茶室建築のパルテノンから、相反《あい》するものを感じ取っていた。また藤井厚二が「和」をベースにした新しい住宅のありかたに取り組んだ。聴竹居《ちょうちくきょ》（一九二八）は数寄屋のデザインをベースにしているが、イス式の新しい生活スタイルを意識したもので、幾何学的な線や面による近代的構成がみられるものである。

大正末から昭和初にかけてフランク・ロイド・ライトの日本における活躍が注目される。ライトはたびたび日本を訪れ、そのデザインには「和」が少なからず意識されているとみられる。カウフマン邸（落水荘、一九三六）のアイデアは、恐らく日本の数寄屋、とりわけ旧大名庭園に代表される流れと建築の関わりが何らかの刺激となったともみられる。また帝国ホテルのデザイン（一九二三）はシカゴ博（一八九三）の鳳凰殿《ほうおうでん》に影響を受けたというみかたがある。そして武田との関わりも注目される。ただしライト自身は、日本からの影響は否定しているという。しかし直接ではなく、日本通《つう》の彼にとって、意識の底に日本的な部分があったとしても、否定することはできないのである。

昭和八年（一九三三）、ブルーノ・タウトが来日し、さっそく桂離宮を訪れることになった。桂離宮はもちろんそれ以前においても、ある一定の評価が与えられていたものではあるが、このあとのタウトの見事な文章によって、広くその美しさが知られることになった。ちょうどこの頃の建築家達における「和」への注目は、この桂離宮をタウトに紹介したことからも理解されるように、数寄屋建築のそれであった。より開放的、あるいは装飾を廃した簡素な空間構成として理解された。それはモダニズムの立場からも、注目されるものとなっていた。

戦後まもなく堀口は、八勝館《はっしょうかん》御幸《みゆき》の間（一九五〇）により日本建築学会賞を受賞する（受賞は翌年）。論文「利休の茶室」に続いて連続の受賞である。これは「和」の建築が単なる懐古的なものではなく、この時代におけるものとして、十分に認識された、ということに他ならない。それは昭和十年（一九三五）前後に示された一つの方向性が成熟したものであった。昭和十年前後とは、堀口の岡田邸（一九三三）、吉田五十八《いそや》の小林古径《こけい》邸（一九三四）が生まれる時期である。結果として堀口の立場からは、それに数寄屋研究や庭園研究によって論理的な補強を加えたことになった。

そして、この頃より「和」の建築はある意味において安定した展開をみせる。谷口吉郎《よしろう》、村野藤吾《とうご》らにしてもそうである。つまり堀口の八勝館、あるいはこれに前後する作品において、モダニズムとしての「和」の意匠が一つの完成した姿となったとみることができよう。そしてそれは、近代建築に組み込まれていった。

これをよく観察すると、この安定したものは、その意匠的な意味において、江戸期以前からの伝統の系譜における、幹の部分に非常に近いところに位置するものに他ならないのである。伊東忠太《ちゅうた》、長野宇平治《うへいじ》等からずいぶん遠回りをして、また振り出しに戻ったわけである。しかし注意しなければならないのは、この遠回りが、近代における「和」の建築を、日本における近代建築の一部としての組み込みを可能にしたのであった。それまで絶対的であった「和」が、さまざまな体験を経てぐるっと一回りし、たくましくなって戻ってきたのである。そして一方、在来からの大工棟梁達が留守居《るすい》として、しっかりと「和」を守り育ててきた。これらの両面により「和」の建築が単なる懐古的な時代遅れの産物にならず、日本の近代建築の一翼を担うことができたのである。

近代の茶室・数寄屋

日本の伝統がどのように近代へと繋がっていったのか、ということを前項において概観した。ここではその中において重要な役割を果たし、本書の主題でもある近代の茶室・数寄屋について展望してみよう。

◆明治はじめの茶室・数寄屋

まず明治維新以後の茶室・数寄屋をとりまく状況についてみてみよう。一般に、明治維新から暫くは茶の湯にとって不幸な時代と呼ばれている。維新により茶の湯を支えていた大名たちが権力を失い、また廃仏毀釈《はいぶつきしやく》により多くの寺院が没落し、その屋敷あるいは伽藍《がらん》が取り壊され、そこに在《あ》った多くの茶室も破壊の憂《う》き目に遭《あ》ったという。また人々の関心も日本の伝統から、大きく離れていく時代であった。

しかし、茶室をとりまく荒廃した環境の中にも、新たな芽吹きが感じられるようになった。家元達や、かつてに比べ少数にはなったものの、茶の湯を支持する人々により、新しい時代への対応のための努力が続けられたのである。立礼《りゆうれい》の考案はその代表である。そして不幸中の幸いであったが、破壊されずに売却された茶室のいくつかは、博物館や博覧会会場に移築され、新たな生命が吹き込まれた。現在東京国立博物館に建っている茶室六窓庵《ろくそうあん》はその一例である。それまで私的で奥向きに設けられていた茶の施設が公の場所に出現し、多くの民衆にその姿を現したのであった。また、茶の湯を含む新しい形の和風の社交施設として、東京の公園に星岡茶寮《ほしがおかちゃりょう》や紅葉館が発足し、貴顕《きけん》紳士たちがそこに集った。そしてそこには茶の湯の持つ精神性を顕示するため、利休堂が設置されることもあった。

◆ジェントルマン・アーキテクト（数寄者たち）

そのような状況の下、茶の湯を支える新しい人々が育ってきた。いわゆる数寄者たちである。もっとも数寄者はこれにはじまったものではないが、明治半ば頃より彼らの活躍に目覚ましいものがみられた。社交施設や公の場での茶室の存在は、彼らを大いに刺激したと考えられる。その豊富な経済力により新たな茶室を建造し、また美術工芸品の扱いのように建造物の蒐集さえも行われた。彼らは茶室・数寄屋にこれまでになかった新しい枠組みを持ち込むのであった。

三溪《さんけい》原富太郎が横浜の本牧《ほんもく》に広大な庭園を開いたのは、明治三十九年（一九〇六）のことである。そこには日本伝統の古建築が各地から移築された。三溪は美術愛好家として美術品を蒐集するのと同じく建築を蒐集し、一般にも公開した。それは建築博物館のごとくであった。ここに数寄屋建築が移築され、また新築の数寄屋が加わるのである。

大正三年（一九一四）に開設された箱根強羅《ごうら》公園の一角に白雲洞茶苑《はくうんどうちゃえん》はある。公園開設に貢献した鈍翁《どんのう》益田孝が山荘として営んだものであった。その後、原三溪、そして松永耳庵《じあん》へと所有者が変遷する。建物は、茅葺《かやぶき》民家を利用した白雲洞《はくうんどう》、同じく茅葺屋根をもつ不染庵《ふせんあん》、そして、三溪が好んだ対字斎《たいじさい》などがある。

箒庵《そうあん》高橋義雄は東京護国寺に茶苑を整備した。大正十四年（一九二五）に松平不昧《ふまい》の分墓を築き、それを中心に幾つかの茶室を組み入れ、次第に充実させていった。円成庵《えんじょうあん》は、同年、魯堂《ろどう》仰木敬一郎による新築である。やや背の高い外観に、変形の四畳敷きで中板に上げ大目《だいめ》切の炉が設けられたものである。この

箱根強羅公園　白雲洞・外観
茅葺の鄙びた建物は、箱根仙石原の農家を元にしたという。

箱根強羅公園　対字斎
白雲洞茶苑に三溪が床を高く構えた座敷「去来庵」を新築した。この八畳の席より明星岳の大文字が望まれるところから、「対字斎」との額を鈍翁が書き与えた。

箱根強羅公園　不染庵
四畳半と上段の二畳大目、および水屋から成る。茅葺の屋根や古材の巧みな利用、また大岩を利用するなど、鄙びた様を見事に演出している。

護国寺　円成庵
護国寺境内には幾つもの茶室が新築、あるいは移築されている。松平不昧を顕彰するため、広座敷と小座敷、腰掛待合から成る茶室が設けられ、小座敷は円成庵と名付けられた。

仰木魯堂は明治末頃より東京で建築事務所を開設し、数寄屋建築の設計を進めていた人物である。先の鈍翁の白雲洞茶苑の不染庵も魯堂《ろどう》の設計であると伝えられ、後に東京を中心に有力な数寄者の邸宅や別荘を手がけることになる。この護国寺の茶苑もすべて魯堂が担当であった。

熱海の倶忘軒《ぐぼうけん》は、暁雲《ぎょううん》藤原銀治郎が大正十五年（一九二六）に営んだ別荘である。京都の数寄屋大工岡田永斎が施工に当たったという。池に浮かぶ楼閣風の外観は金閣や飛雲閣を連想させるものである。また昭和十一年（一九三六）、スウェーデンのストックホルムに建てられた瑞暉亭《ずいきてい》も暁雲の尽力によるものである。

一方京都では、明治の半ば頃より、京都南禅寺周辺に別荘群が形成されはじめた。山県有朋《やまがたありとも》が明治二十八年（一八九五）に開いた別荘無鄰菴《むりんあん》に始まるという。金地院に隣接した伊集院兼常の山荘を市田弥一郎が入手し、対龍山荘を建築したのは、明治三十五年（一九〇二）のことである。東京の大工島田藤吉が棟梁を務め、代表的な座敷として書院の対龍台、茶席としては道安囲《どうあんがこ》いの席、四畳半がある。得庵《とくあん》野村徳七が南禅寺近郊に邸宅を築き始めたのは大正五年（一九一六）頃であった。東山を借景にした園地には広大な池が広がり、その南岸には船屋形の茶室蘆葉舟《ろようしゅう》が繋留されている。藪内家の雲脚《うんきゃく》席と同様の三畳大目《だいめ》の構えである。また苑内には能舞台が付属した大書院の他、八畳の花泛亭《かはんてい》と三畳大目《だいめ》の又織《ゆうしき》を備えた一宇などがある。

　逸翁《いつおう》小林一三《いちぞう》が摂津池田に雅俗《がぞく》山荘を営んだのは昭和十一年（一九三六）のことであった。その一角に設けられた即庵《そくあん》は三畳大目に土間床が付設された形式で、座式と腰掛式を組み合わせた好例である。棟梁は笛吹《うすい》嘉一郎であった。ちょうど同じ頃、建築家吉田五十八《いそや》は東京に吉屋信子邸を設計するのであるが、やはり畳敷きに土間を合わせた形式を組み立てており、建築関係の雑誌のみならず、新聞にも大きく取り

滞春亭　倶忘軒
藤原暁雲の熱海の別荘に建てられた茶亭である。六畳の席に一間の床の間と床脇が付き、入側が三方を廻る。なお、南側の三畳大目席は昭和に入って木村清兵衛が担当した。

無鄰菴　内部
いわゆる燕庵形式の平面であるが、右の太鼓襖をあけると広庇に続く。旧套にとらわれない、自由な発想である。

上げられ、世間の注目を集めることになった。日本近代の住居において、日本の伝統である座式と、明治以後新しく入ってきた西洋風の腰掛式の生活を、いかに組み合わせるかということは、大きな課題であった。そして、早くからこの難問に挑んでいたのは、建築家藤井厚二であった。

◆プロフェッショナル・アーキテクト（建築家たち）

明治期の建築家の大きな課題は欧米諸国の建築の学習であった。欧米列強に比肩するほどの建築物を造るのが彼らの使命であった。しかし、その中でも日本の伝統に目を向ける者も少なからずいた。彼らの中で茶室に着目した建築家として、まず武田五一が挙げられる。だが武田は積極的には茶室の設計はしなかった。彼は茶室の研究を行い、その中のエッセンスを新しい建築に応用したのであった。武田の研究は今からみると非常に拙いものではあるが、その骨格は『南方録』の精神で貫かれている。利休にみる合理的な精神に注目するものであった。武田はその精神を新しい時代に昇華させようと試みるのであった。

武田の後輩に藤井厚二がいる。藤井は武田の考えを引き継ぎ、さらに自らの専門である環境工学の考え方を取り入れた実験住宅に着手した。昭和三年（一九二八）、京都南郊の山崎に建てた五回目の実験住宅は聴竹居《ちょうちくきょ》と名付けられた。在来の日本建築をよく観察し、分析し、その成果をこの住宅に生かした。この住宅には閑室という離れ家がある。腰掛式の和室で、気軽に茶を楽しむため部屋として造られたものである。

堀口捨己《すてみ》は、それまでの寺院建築を中心とした日本の伝統に決別し、新しい日本建築には茶室を中心とした展開が必要であることを、大正末から昭和初めにかけて主張し続けた建築家である。ちょうど建築のモダニズムが確立されようとしていた時代で、茶室にやどる簡潔で自由な精神が、モダニズムに相通じるものだということをみいだしたのであった。名古屋の八勝館御幸《みゆき》の間は昭和二十五年（一九五〇）の建築である。ここで堀口は、在来の意匠を簡潔で伸びやかな近代的なものに見事に変換するのであった。

また堀口はビニールを多用した仮設で立礼の茶室美似居《びじきょ》を、昭和二十六年（一九五一）に発表した。それは、のちの出江寛によるペンキの数寄屋や、安藤忠雄によるコンクリートの茶室など、非木造による茶室・数寄屋の嚆矢《こうし》となった。新しい材料での茶室、これはまさしく近代的な現れであった。近代は、新しいものを追いかけるという傾向、旧来のものが刷新されなければならないという意識が非常に強い時代なのである。

堀口が茶室にモダニズムをみたのと同じ頃、ドイツの建築家ブルーノ・タウトが来日し、桂離宮に近代性をみいだし、賛美した。「泣きたいほど美しい」といったその言葉と共に桂離宮の評価は絶頂に達した。むろんそれ以前にも桂離宮は注目されていた建築であったが、これ以後、日本建築の代表として、国内外の多くの建築に影響を与え続けることになった。桂離宮は二十世紀に再発見されたのである。

新高輪プリンスホテルに村野藤吾《とうご》の設計になる茶室がある。昭和五十七年（一九八二）に秀明《しゅうめい》、昭和六十年（一九八五）には恵庵《えあん》がそれぞれ発表される。伝統的なモチーフを用いながらも、光天井など、新しさも組み込み、建築家のそれというより、数寄者的で自由な造形を十分に発揮したものである。

明治前半の茶室・数寄屋は、公園や博物館などの公の場所に位置することによって、その後の新しい展開の母胎となった。二十世紀後半、中村昌生の仕事に代表される公共茶室は、茶の伝統の魅力を広くおしひろげるのに大きな意味を持った。そこには二十一世紀に展開するであろう日本の伝統の、新たな局面の胎動が感じられよう。

近代の茶室・数寄屋を概観すると、いわゆる近代化へと進む一方、伝統をみつめ直す姿がそこにあった。それまで当然のごとく受け継がれてきた伝統、それが外国との交流の中で、あえて意識的に扱うことになった。伝統を真摯《しんし》に論じた建築家のみならず、数寄者たちの自由奔放な造形も、伝統を起点としての新たな可能性への模索、ととらえることが出来よう。維持困難となった茶室を移築し、古材を転用し、古い農家を茶室に仕立て、あるいは伝統的な茶室の中に近代性をみいだし、そして新しい生活様式における伝統への対応を熟考した。近代は茶室・数寄屋にとってそのような時代であったといえよう。

新高輪プリンスホテル　秀明
化粧屋根裏天井に施した大胆な光天井が特色である。

新高輪プリンスホテル　恵庵
村野得意の如庵を元にした形である。

第二章　明治・公に位置する茶室・数寄屋

博物館・博覧会からの発信

◆パリ博覧会と町田久成

慶応三年（一八六七）、パリにおいて万国博覧会が行われていた。ナポレオン三世の治世であった。遙か極東の地日本からは、江戸幕府として徳川慶喜の弟、昭武《あきたけ》を代表とする使節団が送られ、浮世絵や和紙などの美術工芸品、あるいは農産物や林産物が展示されていた。また幕府に並び、薩摩藩が漆器や琉球の産物などを出品したほか、佐賀鍋島藩も有田焼などを出品したと記録されている。このときが万国博覧会における、日本の初出展であった。ここで大きく注目を浴びたものに、茶があった。江戸浅草の商人、瑞穂屋卯三郎が茶店を開いていた。六畳の座敷に土間がついた檜造りの小屋で、周囲には日本庭園が設けられ、緋毛氈が敷かれた縁台が設置されていた。座敷では、和服姿の江戸柳橋の芸妓による湯茶や酒などのサービスが行われ、パリ市民たちの人気を博したという。その会場を訪れた日本人一行がいた。薩摩藩の留学生たちであった。その集団の中にはのちの初代博物館館長、町田久成《ひさなり》の姿もあった。

慶応元年（一八六五）、薩摩藩は十五人の留学生と四人の外交使節をイギリスに送った。文久三年（一八六三）の薩英戦争によって、画然たる力の差をみせつけられた薩摩藩は、選りすぐりの藩士たちを、藩の近代化のために留学させたのである。当時のイギリスは、産業革命によって、工業や経済が発展し、世界をリードしていた国家であった。また生活水準も上がり、茶を飲む習慣が拡大して定着し、茶の消費量が増大していた時期であった。この頃は主に中国からの輸入であったが、インドのアッサム地方でのプランテーションが徐々に軌道に乗りはじめた時期であり、そして茶の産地としての日本に対する注目も大きくなっていた。留学生たちはロンドンにおいて、彼《か》の地の優れた技術を目の当たりにしたと同時に、彼ら自身にとって身近であった茶に対する注目も肌で感じるのであった。

薩摩藩の命によってイギリスに留学した町田久成は、その帰途パリに足を運んでいる。当時のイギリス人の生活には、茶が欠かせない存在であったことを知り、その後のパリ博覧会で「茶店」を見学していたのである。町田にとって、おそらくこの留学は、茶に大きく傾倒する契機となったであろう。じつはこの町田久成、明治初期の茶の湯、そして茶室を語る上では、非常に重要な人物なのである。

大阪の商人で、数寄者としても名高い露香《ろこう》平瀬亀之助は、真の友として町田久成をあげている。平瀬家は屋号を千草屋と云い、元禄の頃から大坂で両替商を営んでおり、諸藩相手の大名貸しで財を成したと伝えられ、なかでも薩摩藩との関わりは相当深いようであった。露香は茶の湯や能楽の他、演芸や花柳界に至る広い趣味や古美術の鑑識にも長けており、明治八年（一八七五）開設の大阪博物場の場長、および評議員に任ぜられ、その経営に尽力したのであった。露香は幾度か東京に出かけるのであるが、そのときには安田善次郎や松浦《まつら》侯の茶会、そして薬研堀常磐において町田久成の茶会に出向いている。

さて明治五年（一八七二）、壬申《じんしん》検査が行われた。これは文化財の調査として、日本で最初の大がかりなものであった。このとき、町田はその一員として京都奈良に足を運び、ここで多くの茶室に接する機会を得た。また町田らが訪れた京都では、京都博覧会が開かれたばかりで、そこでは茶会が催されており、外国人に配慮した立礼《りゅうれい》式の茶の湯が披露されたところであった。

町田はその後、博物局に勤務することになった。そのとき奈良興福寺の茶室六窓庵を、博物館に移築したのである。先の留学の経験や壬申検査が、このとき影響したのであろう。

後にその活動の幅を広げる数寄者たちは、多くの道具類や美術工芸品を蒐集し、それを展覧した。茶室の移築も行った。原三溪《さんけい》の三溪園などはその代表である。私の立場と公の立場の違いがあるものの、そのもとの形式を町田久成がおこなった、といっても過言ではあるまい。博物館や博覧会によって情報が発信され、新時代の到来を市民が感じたことであろう。町田の仕事は、後の数寄者へ少なからぬ影響を与えたのである。

ここで一つ、説明を加えておかねばならないことがある。博物館と博覧会について、である。もちろん現在ではその違いは明らかである。しかし明治の頃は少し状況が違っていたようである。もちろん当時もいちおう違いはあった。福沢諭吉によると、博物館はいわゆる温古と知新の両面をもって常設されたもので、博覧会はそれを補完する意味で日進月歩の科学技術の発達に副《そ》うべく定期的に開催されるものである。しかし博物館を会場に博覧会が開かれたり、あるいは博物館が不定期での開館であったり、博覧会場が常設されたりなど、明治の創設期においては、一般の目からは博物館と博覧会には、厳密な違いはなかったものと考えられる。明治期における東京国立博物館はその所管が、文部省、内務省、農商務省、宮内省と変遷しており、殖産興業的な面と古物保存的な面とのウエイトが、それぞれの時期により違っていた、ということもその原因であろう。

◆京都の博覧会と茶室

明治五年（一八七二）、本願寺・建仁寺《けんにんじ》・知恩院を会場として、第一回京都博覧会が開催された。じつをいうと、これは京都での第二回目の博覧会であった。前年、本願寺を会場にはじめての博覧会が開かれている。この博覧会終了後、京都博覧会社が官民合同で設立され、明治五年の博覧会開催となる。新組織によるはじめての博覧会なので、第一回とよばれ、その後、翌年に第二回、翌々年には第三回と、京都博覧会は毎年のように開催されている。

この博覧会、その規模こそ違うものの、当時欧米で行われていた博覧会を模したもので、まさに文明開化を象徴するものの一つであった。おもしろいことに、そこで日本伝統の茶の湯文化が深く関わるのであ

南宗寺　実相庵　明治9年移築　現在のものは戦後の再建である。

る。第一回京都博覧会では、知恩院三門上に煎茶席が設けられ、建仁寺正伝院《しょうでんいん》には抹茶席が設けられた。このとき、立礼式の茶が行われたという。また、明治九年（一八七六）には御所内に抹茶席が設けられ、明治十一年（一八七八）には桂離宮、翌年から修学院離宮の拝観が許可されるようになり、明治十三年（一八八〇）からは仙洞御所の醒花亭において茶会が行われるようになる。やがて京都御苑内に茶室が設置されるなど、博覧会と茶との関わりが緊密なものとして、人々の意識の中に刷り込まれていくのである。

◆堺博覧会と南宗寺の茶室

南宗寺の実相庵は、明治九年（一八七六）、堺博覧会を契機に移築された茶室である。もと同じ堺の塩穴寺にあって、千利休の茶室と伝えられているものである。二畳大目《だいめ》下座床の平面を持ち、床の間の落掛《おとしがけ》には卒塔婆《そとば》が用いられており、卒塔婆の席、とよばれること

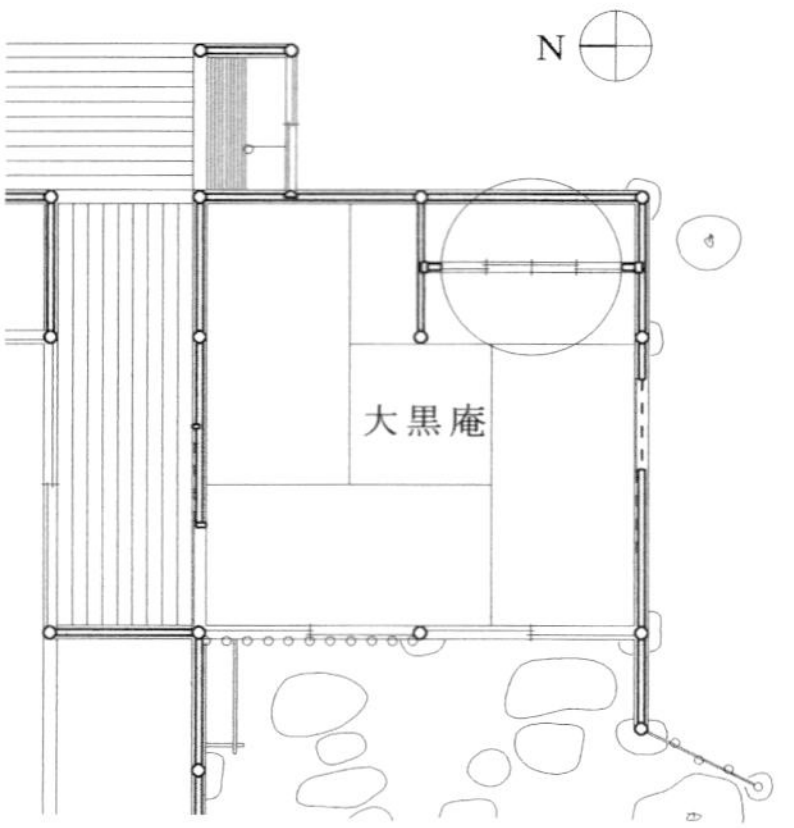

天慶院大黒庵

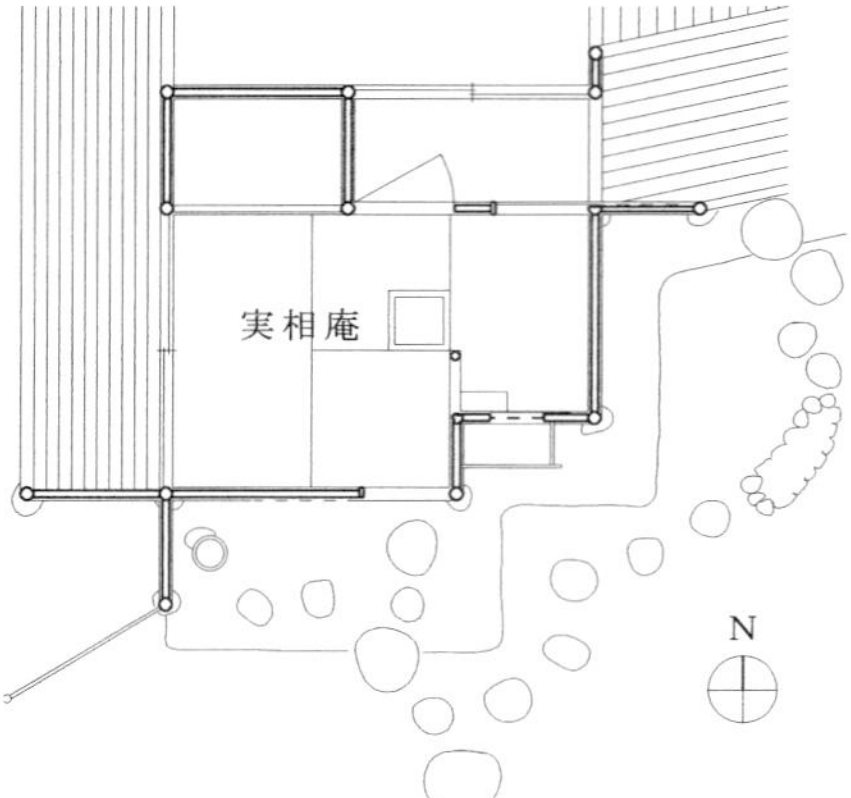

南宗寺実相庵

もあった。残念ながら昭和二十年（一九四五）の戦災で焼失し、現在のものは昭和三十六年（一九六一）の再建である。

この堺博覧会、当時の堺県が主催したもので、南宗寺を会場に開催され、今の奈良県も含んだ県域によって、正倉院の蘭奢待《らんじゃたい》が展示されるなど、大盛況であった。じつは明治九年（一八七六）、と書いたが、その年の博覧会には茶室の移築が間に合わず、南宗寺域内にある天慶院《てんけいいん》の大黒庵で茶が振る舞われ、博覧会会期終了後に移築が完成したという。翌年の博覧会には実相庵で茶会が行われている。大黒庵は、一間半四方の大きさに三畳半の畳と床の間が組み込まれた平面で、紹鷗《じょうおう》の好みと伝えられていた茶室である。

大黒庵と実相庵、それぞれ武野紹鷗、そして千利休の好みと伝えられたものであった。現在では、必ずしもそれらが実証的に理解されてはいないが、当時としてはもちろんその伝承がすべてであった。ここでわざわざ実相庵を移築したことに注目したい。つまり、このような博覧会では京都をはじめ、各地で茶が振る舞われていたが、茶の湯そのものは必ずしも盛んではなかった。そこに千利休という広く知られ、そして精神的な文柱を前面に打ち立てることが必要なのであったろう。実相庵の移築は、その象徴であった。

◆東京国立博物館と六窓庵

移築の際、船積みして東京へ運搬の途中、嵐により難破し、水底の藻屑となったが、幸い部材は某地に流れ着き、それを集めて組み立てたという、東京国立博物館の六窓庵《ろくそうあん》にはこのようなエピソードが伝わる。太平洋の水底の藻屑となったものが、うまく収集できるだろうか。疑念を抱かせるところである。じつは船が暴風雨に遭遇するのは、明治九年（一八七六）九月十七日のことで、場所は伊豆の長津呂《ながつろ》港（石廊崎港）内であった。そこは深い入り江になっており、その地形が幸いし、比較的容易に部材は確保されたのではないか、と考えられるのである。話が誇張されたものであろう。

六窓庵内部
点前座勝手付の窓がおもしろい。移築時の改変であろうか。

六窓庵は、もと奈良興福寺にあって、金森宗和《そうわ》の好みと伝えられる。茅葺で入母屋造の外観、内部は三畳大目《だいめ》下座床の平面である。特色は六つの窓で、点前座勝手付《てまえざかってつき》の連子窓と下地窓の構成は、通常色紙窓となるところであるが、上部の連子窓がかなり高い位置にあるなど、ここでは珍しい組み立てとなる。下部の下地窓に建てられたマス目状の障子は、明治の頃からである。

明治維新を迎えた興福寺は、その大伽藍《がらん》を維持することが困難な状況にあった。多くの建造物は荒れるに任《まか》されており、茶室もその例外ではなかった。六窓庵の移築を進めたのは博物館の館長、町田久成であった。先に述べたように町田は数寄者である。もちろん官に仕える身であり、個人としてみれば経済的な限度があり、財界の数寄者たちとは一線を画すものがあるが、博物館を代表する人物として、数寄的才能を発揮した人物である。

明治十年（一八七七）、上野公園で第一回内国勧業博覧会が開催される。このとき移築されたばかりの六窓庵も出品された。それまでにも博覧会と茶の湯は関わりを持っていたのであるが、ここでは国家がそれを進めた、ということに大きな意義が認められるのである。

◆名古屋博物館と猿面茶室

明治十三年（一八八〇）、名古屋の門前町において第二回愛知県博覧会が開催された。その会場には移築された猿面《さるめん》茶室が出品されていた。猿面茶室は信長の次男織田信雄《のぶかつ》が清洲城に古田織部《おりべ》を招いて建築し、後に名古屋城本丸、さらには二の丸に移築されたものと伝えられる。床柱の手斧目に節が二つあり、それがたまたま猿の面を思わせるような姿からの命名である。四畳半大目《だいめ》で下座床の平面、貴人口の外に縁が取り付くという特色がみられる。

長らく名古屋城にあった猿面茶室は、明治維新を迎え、二の丸が鎮台《ちんだい》となる際に払い下げられ、末森村に移築されていた。他方、愛知県博覧会は明治十一年（一八七八）に開館した名古屋博物館の落成を記念して開催したもので、その第二回博覧会の時、松尾宗五の尽力により猿面茶室が会場に移築された。その後およそ五十年、茶室は博物館にあった。しかし昭和四年（一九二九）に鶴舞公園に移築され、のち、戦禍により焼失。そして昭和二十四年（一九四九）に名古屋城内に再建。これが現在みるものである。

このように数奇な運命をたどる猿面茶室であるが、興味深いのはその屋根の形である。明治の頃の記録

猿面茶室外観
現在のものは戦後の復元である。明治には門前町の名古屋博物館に移築されており、そこで愛知県博覧会も開催された。その頃とは屋根の形が違っているようである。

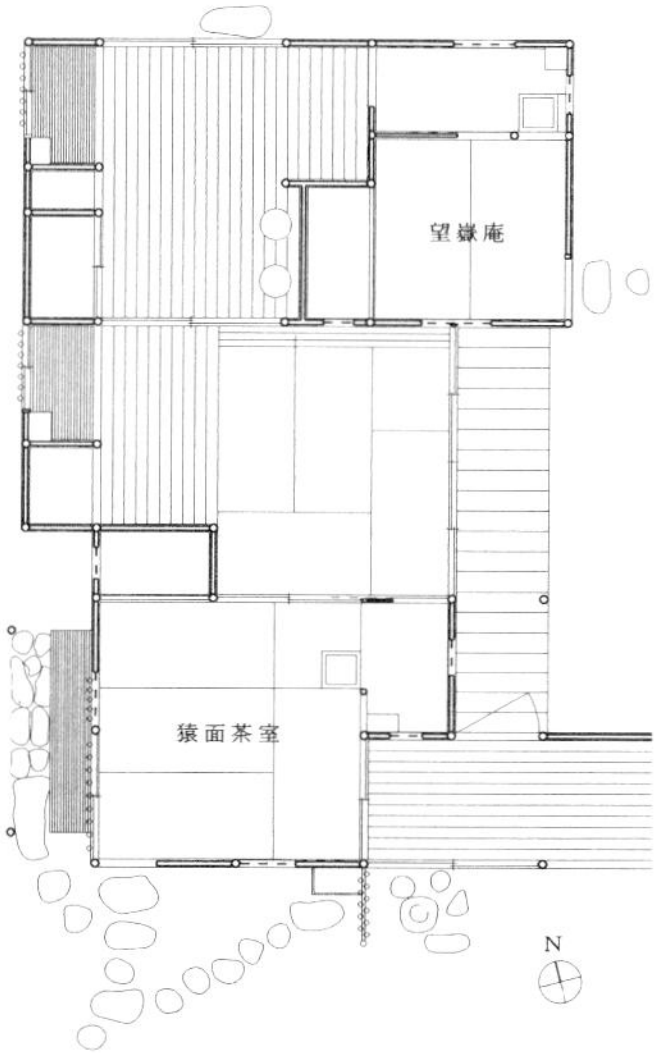

茶室内部
「猿面茶室」命名の縁となった猿面を思わせる床柱

をみると、寄棟造であり、鶴舞公園では入母屋造、そして現在では切妻造である。平面などの基本的な構成はそのままで、その時々のアレンジが加わっているところに、近代の移築あるいは再建の特徴がある。もちろん現在であるならば、文化財クラスの建物の安易な改築は認められないのであるが。

その沿革についても、信雄ではなく信長が清洲城において織部《おりべ》に好ませ、その床柱の表情が秀吉の顔に似ており猿面茶室とした、という伝承もある。もちろん信雄説も定かなものとの確証は得られないが、清洲城の信長と織部との関わりにはかなり無理がある。おそらく「日本三名席の一つ」という言葉とともに、博覧会時などに風説として広まったものと考えられる。

◆奈良国立博物館と八窓庵

明治二十八年（一八九五）には奈良に国立の博物館が設置され、もと大乗院にあった八窓庵が移築される。先に挙げた博物館・博覧会の茶室から十～二十年近くたっている。これまでみてきたように、博物館に茶室が設けられることは、ごく当然のこととして、この頃には理解されていたのであった。

明治維新後の興福寺は、不幸な状況におかれていた。その寺域の大部分が維持できなくなり、それは現在みる奈良公園となった。八窓庵も売りに出され、明治十年（一八七七）、大阪の佐々木某が入手することになった。その後、奈良の箸尾《はしお》信一の所有となり、奈良において移築することが検討されていた。しかし、箸尾が没し、その遺志を継いだ田村宗完《そうかん》たちが、新に設置される博物館に寄贈を願い出るのことになった。田村らが博物館の計画を知り、まさに時を得たり、と思ってのことなのであった。

さて、移築された八窓庵は、四畳大目《だいめ》下座床の席で、所伝によると織部好みである。特色は平三畳大目《だいめ》席の下座側に畳を一畳加え、その奥に床の間を配置した、鍵型の平面であること、躙口《にじりぐち》が客座側の中央に位置していることなどである。

この茶室は明治十年に東京国立博物館に移築された六窓庵、明治二十年（一八八七）に井上馨邸に移築された八窓庵とともに、「大和三名席」ともよばれるのであった。このような表現が、いつ頃からかなのかは定かではないが、三つ目の移築となる、この八窓庵の移築の頃からではないかと推測される。茶室は元来住居の奥向きに造られていたのであるが、この頃には、広く世間から注目される場所に位置するようになってきたのである。

このように、博物館・博覧会と茶室は、明治の半ば頃までに深い関係が築かれた。そしてこれらの事例は、博物館あるいは博覧会というメディアによって広く知られるところとなり、それはのちの数寄者たちの活躍にも、大きな影響を及ぼすのであった。

庭園・公園と茶室・数寄屋

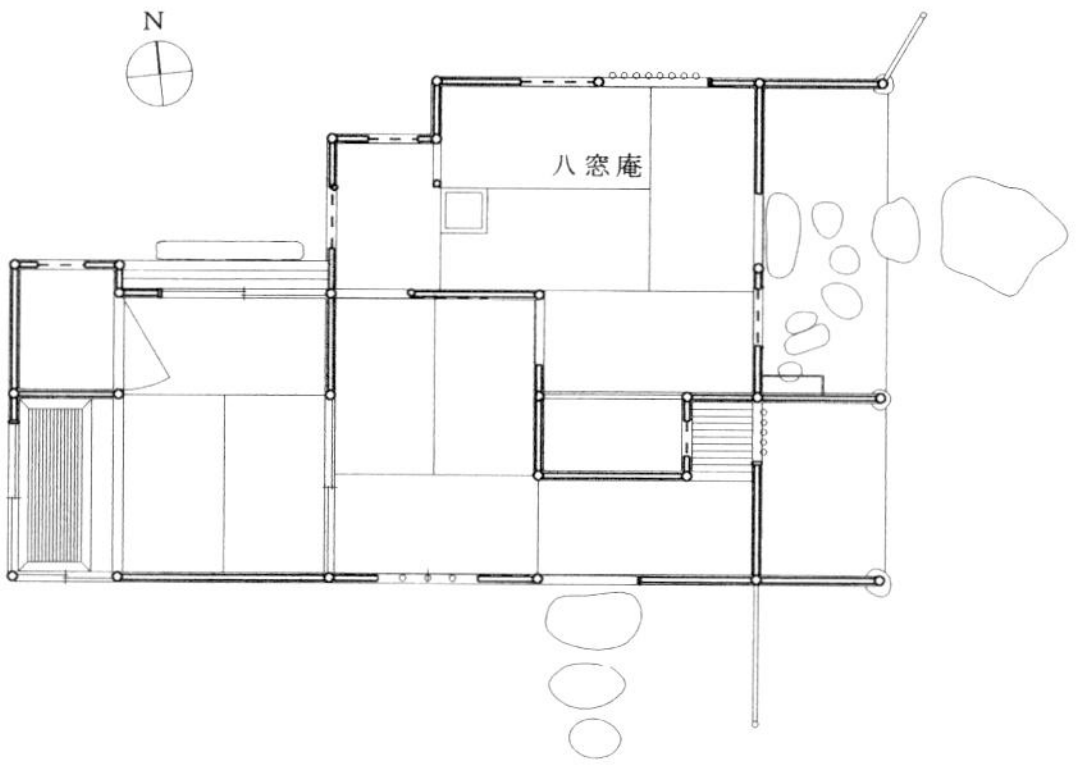

奈良国立博物館　八窓庵

◆兼六園と成巽閣

金沢の兼六園は延宝《えんぽう》四年（一六七六）、五代藩主前田綱紀《つなのり》によって金沢城の外郭として建てられた蓮池御亭《れんちおちん》が始まりである。そのおよそ半世紀前、寛永九年（一六三二）に三代藩主前田利常の命を受けた板屋兵四郎によって、辰巳用水は築かれた。犀川より水トンネルを造り、現在の兼六園の地を通り、金沢城へと水を引き込むものであった。後に兼六園と呼ばれる前田家の庭園は、この

兼六園夕顔亭
ひさご池に臨んで茅葺宝形造りの茶室が建てられている。深い軒は加賀藩の茶室の特色でもある。

夕顔亭内部
中柱と下がり壁によって点前座が謙虚に表現されている。

用水を利用して漸次形作られたものである。残念ながら元の蓮池御亭は後の火災により焼失するが、夕顔亭をはじめとして、幾つかの亭が水に面して設けられることになった。

兼六園ひさご池に臨んで、夕顔亭は建てられている。翠滝《みどりたき》を望みながら茶事を楽しんだということから、かつては「滝見御亭《おちん》」と呼ばれていた。それは安永三年（一七七四）の建築と伝えられる。屋根は茅葺の宝形造に深い庇を廻したもので、内部は三畳大目《だいめ》下座床に相伴席を加えた平面である。また土縁内に手水鉢を備えた形式は、雪国としての工夫とみられる。

成巽閣《せいそんかく》は兼六園の東南端にあり、第十三代藩主前田斉泰《なりやす》が母真龍院《しんりゅういん》のために建てた隠居所で、もとは巽殿《たつみでん》と呼ばれていた。取り置かれていた十二代藩主前田斉広《なりなが》の竹沢御殿の用材も転用された。建築は文久三年（一八六三）、ペリーの浦賀来航の十年後、明治維新まであと五年と、世情のひっ迫した時代であった。成巽閣は二階建ての建物で、一階は公式の対面所である謁見《えつけん》の間、御寝所の亀の間、納戸の間、御居間の蝶の間、松の間など、本格的な書院造りとやや数寄的な表情の諸座敷から成り、二階にはウルトラマリンブルーを顔料とした壁が特色の群青の間、紫の壁の群青書見の間、障子にギヤマンを嵌め込んだ網代《あじろ》の間、三角形の網代張り天井の越中の間など、鮮やかな色彩や斬新な技巧を組み込んだ多彩な数寄座敷を展開している。そして一階北側には、茶室の清香軒と清香書院が取り付いている。

清香軒は大きな土間庇が特色である。矩折《かねおり》に廻され、そこに辰巳用水から引き入れた遣水が流れ込み、また自然石や延段が配され、内露地が形成されている。そして外部境には雨戸が建て込まれ、使用状況により自由に開放または閉鎖することができるようになっている。雪の日などは雨戸が建てられ、謁見の間側の榑縁から土縁に降りての席入りが可能となる。夕顔亭の土縁の構成をさらに進めた形式である。

小座敷《こざしき》の清香軒内部は、三畳大目《だいめ》で向切の炉が切られた平面で、床の間は大目《だいめ》の大きさに地板が敷かれ、その角の少し内側に柱を立てている、いわゆる原叟床《げんそうどこ》の形式である。土縁に面した二方に、躙口《にじりぐち》と貴人口

成巽閣清香軒土間庇
深い土間庇内には辰巳用水からの遣水が取り込まれている。冬季においてはこの土縁が完結した内露地として機能する。

成巽閣清香軒床の間
框を用いない踏み込み床の形式で、その地板の内側に床柱が立つ。このような床の構成を原叟床という。

が設けられている。一方清香書院は、八畳敷きで中央に一間の床の間を配し、その左脇に地袋と天袋で構成された棚、右脇には地板を敷き込んでおり、七事式にかなう花月座敷の形式である。

明治維新はこの兼六園にも大きな変化をもたらした。それまでこの庭園は前田家の所有するものであり、一般民衆はもとより、藩士達といえども、自由に出入りすることは許されるものではなかった。しかし版《はん》籍奉還《せきほうかん》によって、金沢城とともに兼六園は政府の所管となり、鉱山学所、洋館、中学校などが次々と園内に建設されることになり、一般に対して開かれた施設へと変貌を遂げた。明治五年（一八七二）には、新築されて十年もたたない巽殿（成巽閣）を会場に、博覧会が開かれることになる。その後不定期ではあるが、博覧会が開かれ、それはやがて常設の勧業博物館となった。そして博覧会場あるいは博物館では、たびたび茶会が催されたことが記録に残っている。清香軒を使用しての茶会は、清香軒の優れた造形を一般に知らしめることになったであろう。また新政府は新しい国造りの一環として公園の設置を進めたが、明治七年（一八七四）、兼六園はその公園として新しく出発することになった。その結果、兼六園の知名度とともに、園内の夕顔亭や内橋亭などが知られるところとなり、いくつかの民間による茶屋も設けられることになった。これらの事態は、それまで前田家の私的な庭園、あるいは建築としてあった、兼六園や成巽閣の性格を大きく転換させるものであり、公の存在として衆目の的となった。また同じく大名庭園から明治の公園となった水戸の偕楽園《かいらくえん》、岡山の後楽園とともに「日本三名園」と呼ばれるようになるのは、明治二十年（一八八七）前後のことだと考えられる。

◆旧大名庭園と茶室・数寄屋

洋画家で造園家としても知られる本多錦吉郎は、明治二十六年（一八九三）、『茶道要訣《ようけつ》茶室構造法』を著す。じつはこの著作、非常に画期的な出版なのであった。「茶室」という言葉は、言葉自体は古いものであるが、江戸時代にはほとんど使用されず、近代になって一般的になったものであった。江戸期には「数寄屋」、「囲い」、「茶寮《ちゃりょう》」が一般的であった。本のタイトルとして「茶室」を掲げた本書は、当時の人々にとって、新鮮なものを感じたことであろう。もう一点、当時の人々を驚かせたことがあった。本多は西洋の新しい図法を日本に紹介した人物でもあった。この本の茶室の図版として、遠近法など西洋からの新しい図法を駆使して表現していたのである。当時の一般的な出版物は江戸期から続く「ひながた」を掲載したものであった。

この本には茶庭の図として、大名庭園がいくつか掲載されている。残念ながらこの箇所の描き方は、在来の日本式である。しかしここで注目されるのは、池や流れと共に描かれた茶室が多いことである。一般的に、それまでの茶庭は流れを伴うものではなかった。逆に大名庭園にある茶室は池や流れを伴うものである。その形式がこの本によって広く知られるところとなったのである。

同じ頃、金沢の兼六園などが日本三名園として、知られるようになり、鉄道の発達と共にその認識が加速的に高まっていくのである。

江戸期の大名庭園は、明治に入って公園となって一般に開放され、あるいはその場所が博覧会の会場になったりした。注目したいのはそこに茶室が存在していたことである。やがて、その関係は然るべき姿として理解されるようになった。つまりそれまで奥向きに位置していた茶室が、表側に現れるようになったのである。

明治期は、国が近代化を進める意味で設けた公園と、茶室が非常に近しい関係にあった。明治という時代の到来によって、茶の湯を支える人々の断絶があったが、このような環境が一因となって、明治半ば以降の新しい支持者達の茶の湯へと、受け継がれることになったと考えられる。

このようにみてくると、成巽閣清香軒の手法や意匠は、その後の近代において、たびたび引用されていることに気づかされる。用水より水を引き込み、苑池を築き、またその流れを建築に取り込む姿は、琵琶湖疏水を利用した京都南禅寺近郊における邸宅群と非常に似たものである。また、原叟床の構成は、その斬新な意匠より、近代においてたびたびみられる手法である。その意味から、近代における茶室の伝承として成巽閣清香軒の置かれていた立場は、極めて重要であったといわねばならない。

紅葉館と星岡茶寮

◆紅葉館

尾崎紅葉の『金色夜叉』の舞台としても知られる紅葉館は、明治十四年（一八八一）に整備が行われたばかりの東京芝公園楓山に開設された。和風の社交施設としてであった。それはちょうど現在の東京タワーの位置である。この建物は昭和二十年（一九四五）に空襲によって焼失するまで、明治・大正・昭和にわたり日本を代表する会員制の社交施設として、歴史の一端を担っていた。また紅葉館の設置には、単なる社交施設というだけでなく、外国人を招くことをも考えた、壮大な迎賓施設としての計画もみえ隠れするものである。

紅葉館は会員制の社交施設であった。その点において少し触れておかねばならない。つまり紅葉館は、これまで日本の近代を扱う視点としては、市民に対する閉鎖性をしめす施設として扱われることが多かった。しかし本書では、むしろ一部の限定はつくが、会員になりさえすれば使用できるという、明治以後の開放的性格を有するものとして扱う、ということを記しておきたい。

さて、それでは紅葉館について概要をみていくことにする。創設前後あるいはそれに続く頃の様子については、明治三十年（一八九七）発行の『新撰東京名所図絵』に詳しい。それをもとにみていこう。

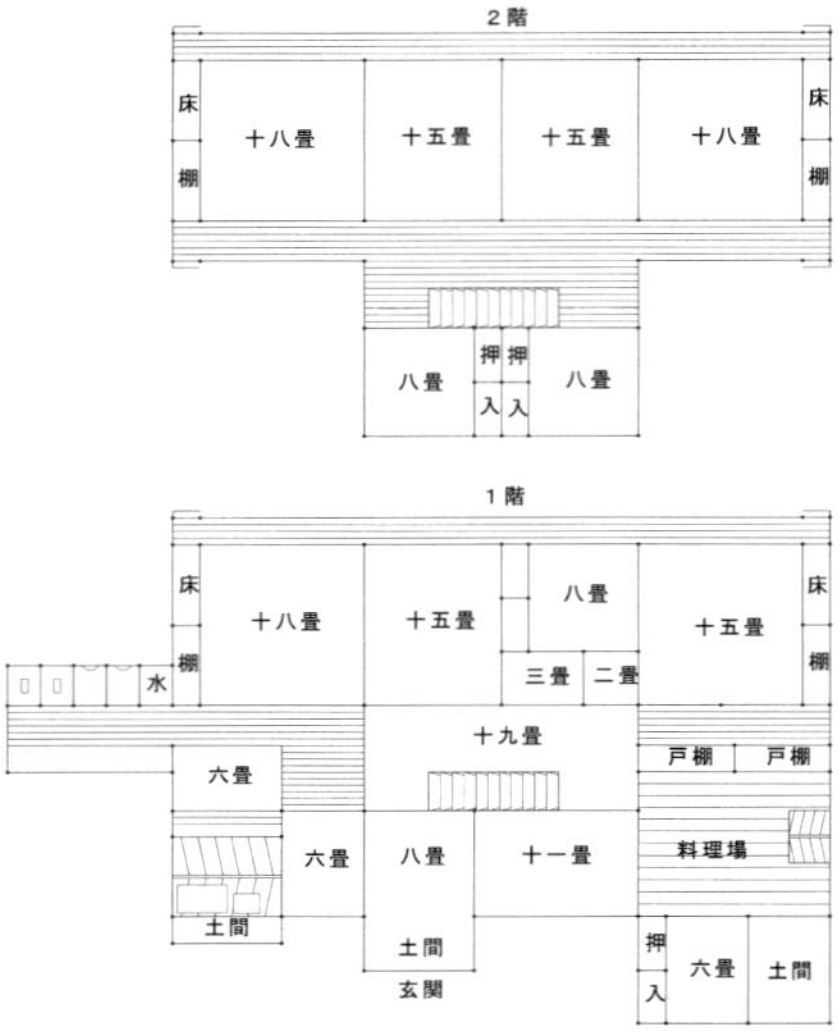

紅葉館　開館時の平面図
後に茶室、利休堂などが増築される。

これによると、紅葉館とは「貴顕《きけん》紳士」のための「日本造」の「集会所」とある。株主十三名のうちに三野村《みのむら》利助、安田善次郎の名がみえる。三野村は明治十七年（一八八四）開業の星岡茶寮《ほしがおかちゃりょう》の創設に深く関与しており、安田は『松翁《しょうおう》茶会記』を明治十三年（一八八〇）より書き綴っており、いずれも近代茶の湯黎明の頃を解く重要な人物である。

建物は広間の他、茶室・湯殿・利休堂および新館によって構成されている。広間は一階に十五畳が二室、十八畳が一室、十畳が一室あり、二階には十五畳が二室、十八畳二室を数える。また茶室として使っていたのであろうか、茶道具を飾った「茶の間」と称する八畳が設けられていた。ほかに吉野桜の床柱を用いた茶室が同書に記載されているが、詳細は不明である。さらに湯殿が茶室の近くに設けられており、その奥には三畳の利休堂が位置していた。新館は明治二十二年（一八八九）に増築したものであり、一階、二階ともに三十五畳が二室、二十八畳が一室と非常に大きな部屋の存在が知られる。また畳を上げれば檜の舞台となることや、三室通しにして百畳弱の座敷を設定することができることが確認される。

また明治十年（一八七七）の内国勧業博覧会において、天皇の行幸のために設けられた便殿《べんでん》が移築され、明治二十二年より紅葉館の所有となった。明治十四年（一八八一）に紅葉館と同時に建築に着手された能楽堂は、能楽会において維持されていたが、一時は紅葉館の管理下にもあった。

さらにもう一つ、ここで注目すべき事は、料金を払えば室内及び庭園を見学できる施設であった、ということである。「貴顕紳士」を客筋にした閉鎖的な施設と考えがちであるが、「客なき折」と限定があるものの、開放的な面をも併せ持っているということである。つまり従来の大名、あるいは公家の庭園の閉鎖性に比べ、開放的な面を持っていたのである。

この紅葉館の開設前後において、興味深いいくつかのじじつが展開する。

東京府は明治十三年（一八八〇）三月、楓山付近の整備を開始する。じつはこのとき、東京府は「外国公使等ノ接待ニ充ツヘキ伽藍《がらん》ヲ建築」しようとしていたのであった。つまり、外国人をも視野に入れた迎賓要素を持つ施設の建設、を目論んでいたというのである。場合によっては、この地に壮大な和風の社交施設群が形成されていたのかも知れない。

整備は同年六月四日に落成するのであるが、それを待たずして、東京府の誘いにより、民間の者から、楓山の地所の借用と、その場所へ集会施設の建設許可が求められる。それが紅葉館であった。その後東京府により、第一回内国勧業博覧会に天皇行幸のために設けられた家屋（便殿《べんでん》）が移築され、さらに能舞台の建設が行われ、この場所の整備が進むのである。

紅葉館の開館は明治十四年二月。驚くことに、開館の数ヶ月後、茶室等の増築の計画が持ち上がる。もともとの紅葉館の計画には、茶室は考慮されていなかったのである。東京府はもちろんこの施設の拡充を望んでおり、それに協力した。増築された茶室は八畳に点前座《てまえざ》が付加された形式で、一間床、天井は平天井に点前座の上が落天井、貴人口の側が屋根裏天井となっていたことが、残された記録からうかがえる。

さらに二年後、さらなる茶室の増築が計画される。その茶室は利休堂と呼ばれ、三畳敷に床の間、そして利休像を安置するスペースが、設けられたものであった。その後、次々と紅葉館の拡充が行われていくのであった。

しかし紅葉館は独自の道を歩むことを迫られる。開館後まもなくして、東京府との協力関係は薄れていくのである。そして、やがてその性格を料理店重視の方向へ転換するのであった。東京府側の社交施設のあり方の問題だと思われる。明治十六年（一八八三）、外国人接待所として建築家コンドルによって鹿鳴《ろくめい》館《かん》が建築されるが、国家による接待所の計画が持ち上がった段階で、東京府としては「外国公使等ノ接待ニ充ツヘキ伽藍ヲ建築」する必要がなくなったのである。また、コンドルにより、同十七年には北白川宮邸や有栖川宮邸も完成している。いずれも洋館である。この時期、和風の施設は時代遅れと考えたのだろうか。

◆星岡茶寮

明治十七年（一八八四）、東京麹町公園には星岡茶寮《ほしがおかちゃりょう》が設置された。残念ながら第二次大戦で焼失してしまうが、戦前には、北大路魯山人《きたおおじろさんじん》の料理店として世に知られた存在であった。しかしこの施設は料理店として建てられたものではなく、もとは茶の湯を中心とした社交施設で、他に謡曲や琴棋など、日本の伝統芸能を楽しむことを考慮したものであった。

麹町公園は日枝神社の境内地を元にしており、明治十四年（一八八一）に東京府によって整備された公園である。そこに禁裏御用商人の奥八郎兵衛と三井組の三野村《みのむら》利助、かつて小野組の小野善右衛門らが茶寮《ちゃりょう》（明治の頃には料理店としての意味はない）、すなわち茶室を設けたのである。

なお「茶寮」はもともと、「ちゃりょう」と読み、茶室のことを表す言葉であった。しかし明治末年頃には「さりょう」と呼ばれるようになり、またその意味としても、茶を飲ませる寮（寮は小さな建物の意）、すなわち今日でいう喫茶店のような意味を持つようになった。さらに料理店としての意味を併せ持つように変化する。

ここで述べるのは、明治創設当初の星岡茶寮である。この建物は明治になって東京府によって整備された麹町公園に設立されたものである。麹町公園は永田町山王台の日枝《ひえ》神社の境内地であった。日枝神社は徳川家と深く関わりを持つ社で、明治維新以後寂れる傾向にあったのだが、そこを公園地として整備を進めたのである。東京府によって整備されるや否や、茶寮設立の計画が持ち上がった。公の場所にこのような施設を設けることは、江戸時代的な閉鎖的なものとして、理解されることがこれまで多かった。しかし施設は会員制ではあるが、見学を許可するなど、一般に対して開放しており、紅葉館と同じく、明治期における公園の過渡期の状況として理解することができよう。

その茶寮は、星岡茶寮と名付けられ、その名の通り、茶の湯を中心とした社交施設として運営されていくのであった。建物は二階建てで、一階には、広座敷の十二畳半が二つ、寄付として利用されたであろう四畳半の丸炉の間、小座敷《こざしき》としては二畳大目《だいめ》下座床の席、二畳中板逆勝手の席、そして四畳半の利休堂などからなる。二階は十畳の座敷とそれに続く十畳の次の間がある。

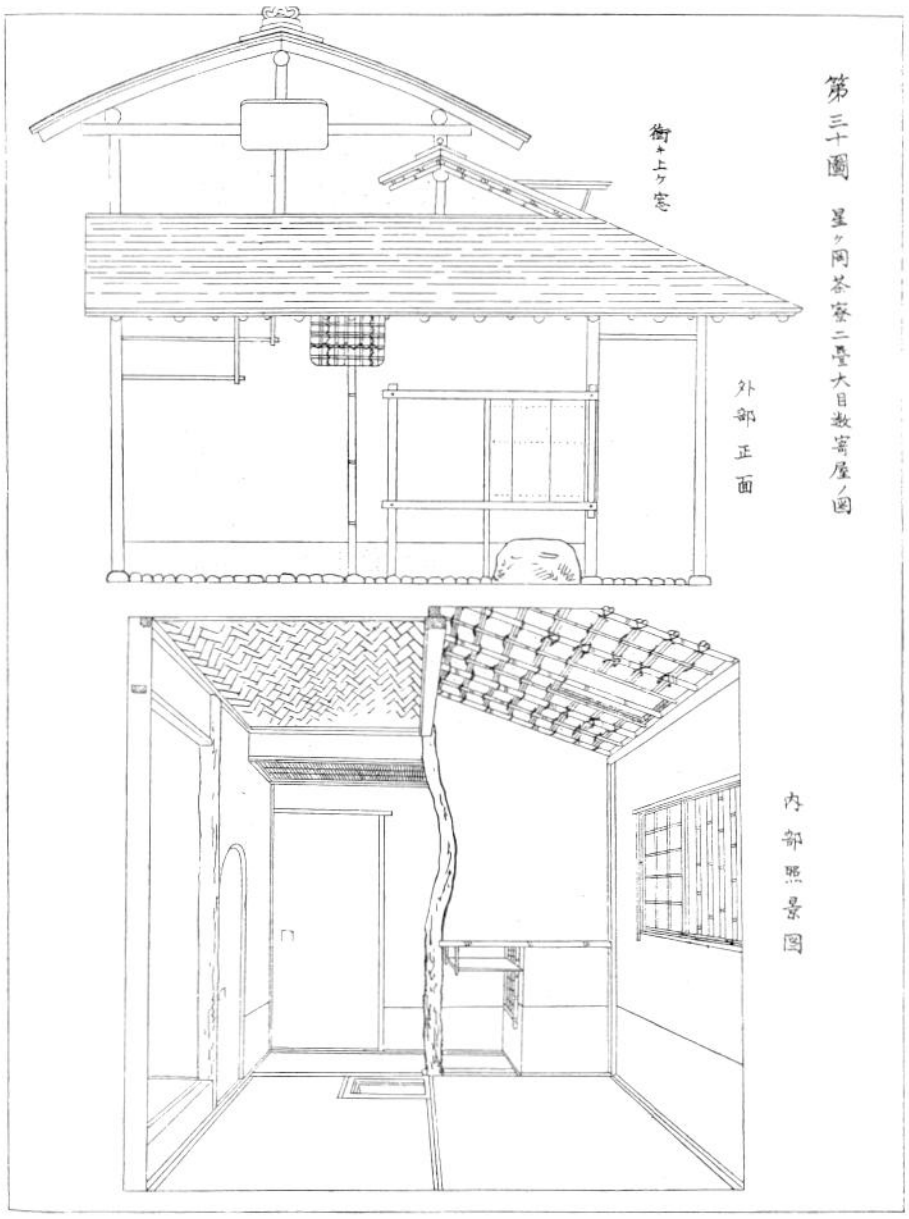

星岡茶寮　（『茶道要訳茶室構造法』より）

さてこの星岡茶寮であるが、先ほどの紅葉館の変遷と併せて考えると、おもしろいことがみえてくる。この茶寮の計画が立てられたのは、麹町公園の整備が整う以前、明治十四年（一八八一）の夏であった。その翌年より具体案が示され、東京府に申請を行っている。この申請は数度にわたるもので、徐々にその平面も変化しているのであった。この明治十四年から開館の明治十七年（一八八四）という時期は、紅葉館が開設された後、徐々に茶室が増築される過程でもあった。紅葉館の竣工直後における増設も不可解だが、星岡茶寮の数度にわたる計画案変更も奇妙な現象である。

その状況から一つの推論が浮かび上がる。つまり茶の湯の立場から、その復興に向けて、この両施設に対して何らかの働きかけがあったと考えられる。ご存じの通り、この頃は一般に茶の湯にとって、冬の時代とも呼ばれる不幸な時代であった。星岡茶寮は茶の湯の施設として計画された。しかし紅葉館は当初、社交施設ではあったが、特に茶の湯を意識するものではなかった。日本の伝統的な社交としてあった茶の湯を東京府の肝煎《きもい》りで開設した社交施設である紅葉館に組み込むことは、茶の湯関係者にとって切望するものであったに違いない。

そしてさらにこの両施設には利休堂が設けられるのである。茶の湯の有する幅広い性格のうち、利休のイメージは求道的な精神性の高いものであった。特に江戸期から明治初期に茶の湯に対して印象づけられていた遊芸的イメージを払拭し、明治という時代の精神に対応するため、利休堂を設置したのであろう。紅葉館などはのちに料理店的性格を強めるのであるから、利休堂が設けられていることには違和感を覚える。しかし社交施設として、日本伝統の社交としての茶の湯、そしてそこにやどる精神性をみえる形で表現し、それをこの施設から発信しようとしたのではないか、と考えると合点《がてん》がいく。

そしてこれらの施設に集ったのは明治以後、力をつけた政界財界の要人たちであった。あるいはその後力を持つ若き日の数寄者たちは、公園を逍遥し、そして施設の見学を行ったことであろう。明治半ば以降における、茶の湯の隆盛に対して、この試みは少なからず功を奏したものと考えられるのである。

第三章　継承と新たな展開

井上馨と八窓庵

鹿鳴館は、井上馨《かおる》が外務卿時代に、舞踏会を行うために設置した建築であった。それは不平等条約の改正のため、欧化政策の一環であった。明治十六年（一八八三）にコンドルの設計より東京内幸町に建てられたもので、欧米の社交文化を日本に根付かせようとした施設である。しかし明治二十年（一八八七）頃には、本来の目的である舞踏会の中止が取りざたされるようになり、やがて施設は払い下げられるようになった。

一方、井上は数寄者としても知られており、日本の美術品のコレクターとして、そして日本伝統の社交としての茶の湯にも造詣が深い。

◆八窓庵茶室開き

明治二十年（一八八七）、東京鳥居坂の井上本邸で茶室八窓庵の席開きが行われた。この席開きは、通常のものとは異なり、天皇の行幸を迎えるものであり、それは大きなイベントとしての性格が強く打ち出されたものであった。

この茶室はもと東大寺の四聖坊《ししょうぼう》にあったものである。明治になって四聖坊が取り払いとなり、そのとき風呂の焚き付けにされようとしたとき、稲尾某が買い取ったのだが、荒廃が甚だしく、それに心を痛めた井上馨が買い取り、東京鳥居坂の本邸に移築したものだと伝えられる。ふしぎなことにこの八窓庵、その後も数奇な運命を辿る。この邸宅は久邇宮の所有となり、さらに赤星某に払い下げられ、次に赤星の遺志により内田山の井上馨邸に再び移築されることになった。残念ながら、その後戦災で焼失することになる。

八窓庵は、その窓の数より名付けられたものであるが、別名「隠岐庵」「オキロク」などとも呼ばれ、興福寺塔頭《たっちゅう》滋眼院《じげんいん》から東京国立博物館に移築された六窓庵、興福寺の大乗院庭内から奈良国立博物館に移築された八窓庵とあわせ、「大和三茶室」としても知られる存在であった。建物内には四畳半と四畳大目《だいめ》、それに三畳が二室と水屋、台所、玄関があった。当時八窓庵と呼ばれていたのは四畳大目《だいめ》席である。土間形式の内坪が備わっており、特殊な形態であった。現存するものでは、大徳寺真珠庵庭玉軒に、似た形式が見られる。床は下座床に構え、大目《だいめ》切の炉を持つ。じつはこの茶室、当時は間違って理解されてい

井上邸・八窓庵（杉本文太郎著『茶室と茶庭図解』より）

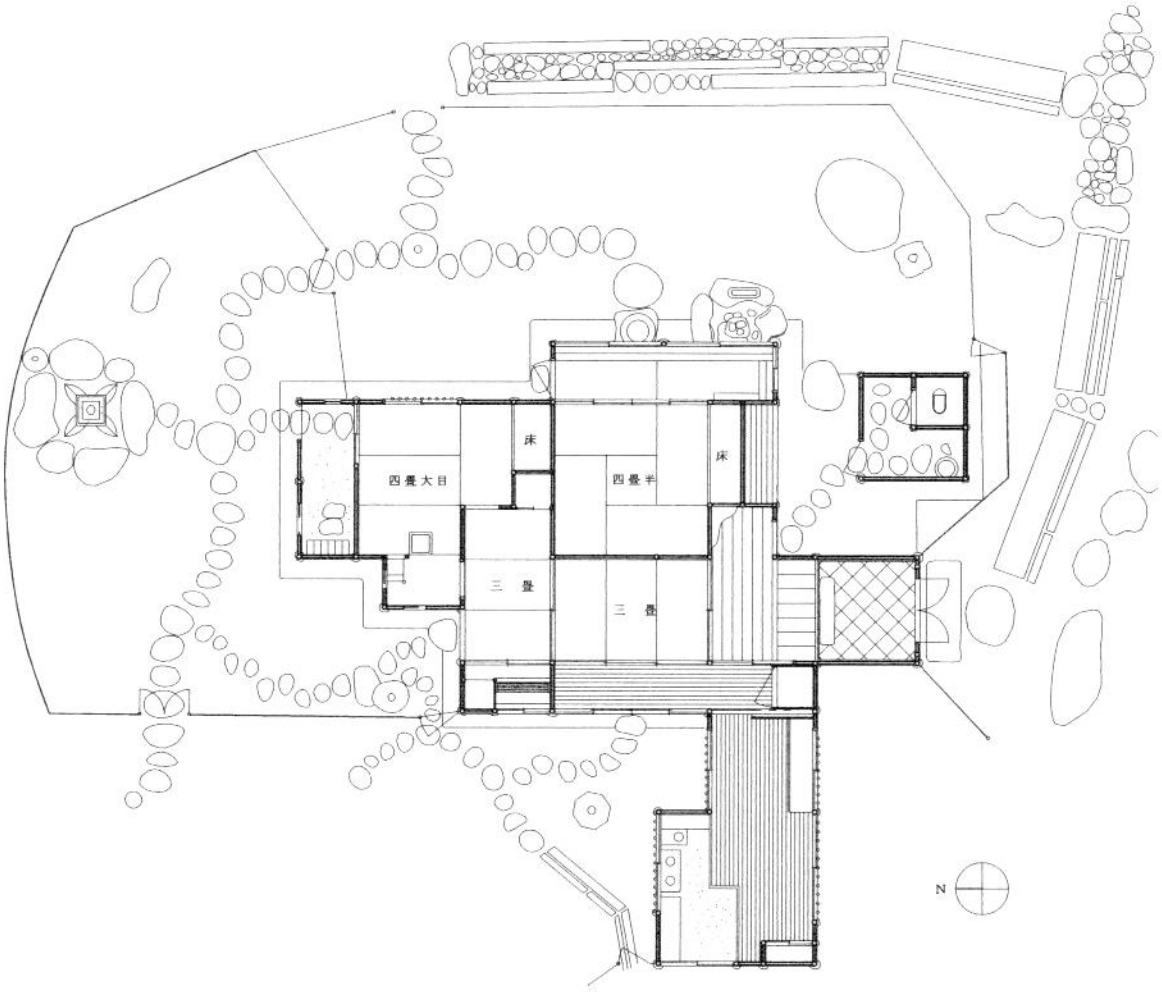

内田山井上馨邸八窓庵
（北尾春道『数寄屋建築史圖聚　東山・桃山時代』より）

たのである。つまりのちの研究によって三斎好みであることが明らかになったのだが、当時は珠光《しゅこう》好みとされていたのであった。珠光好みは隣の四畳半であった。四畳半席は一間床を備え、縁側を付設しており、利休以前の古い形式を伝えるものである。

この取り違えが、井上が所持したときからなのか、あるいはそれ以前からのものであるか、明らかではないが、いずれにせよ茶道の祖としての村田珠光の名を冠することが、重要なのであったと考えられる。

ここで注目したいことは、この時期の茶室のおかれた二つの状況が、この茶席開きに影響を与えたということである。一つは古美術の保存という意味である。もう一つはその社会への発信、という意味である。いずれも明治維新以降、各地の博物館や博覧会場に茶室が移築あるいは新築される、という状況から来るものである。博物館として古美術品と同じく茶室を保存しようとする傾向、また博覧会における茶室のように、そこから新たな情報を世間に対して発信しようとする傾向、このようなことが、この頃にはごく普通に了解されていた。しかし古美術を保存しようとする考え方は、日本でも古くからあったが、そこから情報を発信しようとする博覧会的な意味は、特に明治以降の考え方である。

鹿鳴館と八窓庵、全く別の二つの建築であるが、井上にとってみればその底流には同じものがあったのかも知れない。欧化政策のためにつくられた鹿鳴館は、その結果はともあれ、日本近代化への象徴としてあり、その情報は内外に向けて発信しようとしたものであった。一方、八窓庵は、茶という国際的に知られるようになった日本文化の、国内への啓発という意味を持っている。その当時、国内においては、一般的には茶の湯は維新から続く冬の時代がまだ明けきれていない頃であった。しかし内外の博覧会では茶が注目され、茶室が設置されることが多かった。茶の湯が単に日本伝統というだけでなく、相対的なものとして扱われ、それは日本のアイデンティティを内外に向けて発信しうるものとして考えられたのであった。

イベントとしての八窓庵の席開きは、その現れとみることができよう。

原三溪と三溪園

明治維新を迎え、大名庭園が開放されて、それは市民に親しまれる公園となった。一般に知られることなく密かにあった茶室は、その時から一転して衆目の的となった。そして博覧会場では茶が振る舞われ、茶室が設けられた。博物館には茶室が移築されることもあった。維新以後、存亡の危機に立たされた茶の湯は、しかしながら、このような別の形により復興の道を模索していた。明治の数寄者の活躍に、それらの状況は少なからぬ影響を与えたのである。三溪《さんけい》原富太郎の茶の湯も、それらと無関係ではなかった。

◆三溪園

三溪園《さんけいえん》は、三溪の養祖父にあたる先代の原善三郎が、明治元年（一八六八）頃に購入した土地であった。横浜本牧三之谷からの命名である。

明治三十九年（一九〇六）に開園。このとき市民に向けて私邸の一部を開放するのであった。それに先駆け、明治三十五年（一九〇二）頃から、この地に建築物が集められはじめた。現在熱海に移築されている茅葺の茶室の寒月庵、住宅の待春軒（焼失）、栃木県大島の神社（焼失）、そして京都大徳寺の旧天瑞寺寿塔覆堂《てんじゅじじゅとうおおいどう》が移築され、また茅葺の原家本宅（鶴翔閣《かくしょうかく》）も新しく建てられた。その後も続々と古建築が移築され、あるいは新築され、園内の適所に整備された。寺院建築や数寄屋建築など、現在国の重要文化財建造物だけでも八棟（三溪存命中に移築されたもの）を数える。当時はまだそれほど古建築の評価が定まっていなかった時代であったことを考えると、三溪の鑑識眼の高さに驚かされるところである。また

春草廬室内
春草廬は数奇な運命を辿った茶室である。かつてその窓の数から「九窓亭」と呼ばれ、移築後、三溪が他の茶室と扁額を掛けかえてこの茶室の名称が「春草廬」となった。

それぞれの建物に付随していた由来も、非常に興味深いものである。さてここで、移築された茶室として春草廬《しゅんそうろ》、そして、三溪による新築の蓮華院、この二つの建物をとりあげよう。

◆春草廬

春草廬《しゅんそうろ》は、同じく三溪園に移築された月華殿に付属していた茶室で、もとは九窓亭と呼ばれていた。月華殿は宇治の三室戸寺金蔵院《みむろとじこんぞういん》の客殿であった建物で、三溪が譲り受けた頃にはかなり荒廃していたという。遡ると、この客殿は宇治の上林家が徳川将軍家から拝領したものを金蔵院《こんぞういん》に寄進した、と伝えられている。さらにそれは徳川家康の伏見城内にあったものという。しかし確認されるのは、金蔵院の客殿であった、ということのみである。

さて春草廬という名称は、同じく三溪園に移築された臨春閣とともに大阪の春日出新田《かすがでしんでん》より三溪が入手した茶室に付けられていたものであった。しかしこの建物は三溪園に建てられることなく、松永耳庵《じあん》に譲られ、現在は東京国立博物館の構内に移されている。なんと三溪は、その春草廬の名をこの九窓亭に付け替えたのである。近代数寄者の自由奔放な一面をかいまみるようである。

現在三溪園にみられる春草廬は、大正七年（一九一八）に建てられている。元の客殿（月華殿）から切り離され、新たに八畳の広間と水屋が付加された形となっている。外観は軒の深い切妻造柿葺《こけらぶき》の屋根である。平面は三畳大目《だいめ》、大目《だいめ》切の炉、そして点前座《てまえざ》に相対して床の間が設けられている。特色はかつての名称がしめすように、窓の多いことである。点前座には勝手付《かってつき》の色紙窓と風炉先《ふろさき》窓の三つ、床の間の墨蹟《ぼくせき》窓、それに客座の三方に五つ、合計で九つの窓があけられている。天井は点前座が化粧屋根裏天井で、客座が一面の竿縁《さおぶち》天井である。好みは織田有楽《うらく》と伝えられている。しかしこの茶室の由来が伝承の域を出ないのと同じく、その好みも明らかにされたものとはいえない。ただこの茶室の意匠が一般とは異なる点が多いことから、有楽の自由な作風に通ずるものを感じさせる、とだけはいうことができる。

◆蓮華院

蓮華院は、三溪の好みにより、大正六年（一九一七）に新築されたものである。土間席、六畳の広間および二畳中板向切逆勝手の席からなっている。特色は土間席に立つ太柱で、これは平等院鳳凰堂の古材を転用したものだといわれている。さらに壁面に設けた格子窓も鳳凰堂の部材であるという。その太柱の横には石炉が設置されているが、塔の石造露盤《ろばん》を使用したものと伝えられる。また六畳の床柱は二本柱の形式であり、左にコブシの皮付、右には古材の転用がみられる。このような歴史を伝える要素が、この新築された建物に組み込まれていたのである。

古材の転用はこの時代の建築の一つの特色である。明治維新の廃仏毀釈《はいぶつきしゃく》によって、多くの寺院が取り壊

蓮華院土間席
中央の太柱、そして左の格子窓は、平等院鳳凰堂の古材を転用したものと伝えられる。石炉は塔の石造露盤だという。

蓮華院・二畳中板向切逆勝手の席
幅広の中板や節のある皮付柱など鄙びた姿をみせる。

され、その部材が市中に出回っていた。多くは風呂の焚き付けのような扱いであったが、一部には私蔵されることもあったようだ。明治三十年（一八九七）には、現在の文化財保護法の前身である古社寺保存法が公布され、その後本格的な社寺建築の修理工事が行われるようになる。この頃は現在とは違って、それぞれの修理工事において取り替えられた部材などが、他に転用されることもあったという。平等院も明治末期に修理が行われており、ここでみられる部材は、その時のものであろう。

蓮華院では、野趣あふれる意匠も見逃せない。特に小座敷《こざしき》の二畳中板の席に注目したい。点前座と客座を隔てる中板は、通常のものより幅広である。また風炉先《ふろさき》の壁面は客座側が壁床となっているが、その床柱に相当する部材として、節のある皮付柱が立てられている。さらに天井はアンペラ（むしろ）が張られ、曲がりのある細い丸太で押さえている。このように新築でありながらそのように感じさせない点、すなわち鄙びた組み立ては、古材を使用することとうまく調和し、この建物を特徴づけている。

三溪園において、庭園を公開すること、歴史的な物を集めること、それはすなわち公園であり、博物館や博覧会の考え方であった。それを全く個人の力で行った、という点に大きな意義がある。三溪園が発信した情報はじつに大きなものとなった。もちろん厳密な意味では、歴史をありのままに伝えなかった点も指摘されよう。しかし逆に、文化財としての保存、あるいは取り壊して真新しい建築を新築すること、この二つの選択肢だけではなく、それに手を加え再生させるという、現代にも通ずる手法が、三溪によって実践されていたのであった。

松永耳庵と柳瀬荘

武蔵野の面影を今にとどめる雑木林が残る丘陵地帯、埼玉県所沢市坂之下に柳瀬荘《やなせそう》は位置している。元の地名の入間《いるま》郡柳瀬《やなせ》村からの命名である。ここは現在、東京国立博物館の一施設となっているが、昭和二十一年（一九四六）まで近代の数寄者、耳庵《じあん》松永安左衛門が別荘として使用していたものであった。黄林閣《おうりんかく》、斜月亭《しゃげつてい》、久木庵《きゅうぼくあん》の三棟の建物が遺っている。

◆黄林閣

柳瀬荘の造営は、昭和四年（一九二九）にはじめられた。赤松の林がある小高い丘は、当時は茨や萱の茂る野原で、それを切り開き、また雑木を一部切り倒し、建築の用地と眺望を確保したという。

中心になる黄林閣は、天保十五年（一八四四）に建てられた近郊の民家を移築したもので、現在重要文

黄林閣土間
梁が縦横に組まれ、茅葺の屋根裏がみえている。豪壮な民家としての梁が縦横に組まれ、茅葺の屋根裏がみえている。豪壮な空間に民家の歴史が偲ばれる。

黄林閣茶室
床柱はほぞ穴を正面にみせ、転用材であることを強調している。また、天井は屋根裏の竹垂木を転用した簀子天井である。耳庵の初期の茶室遺構として貴重である。

黄林閣中ノ間襖

化財に指定されている。この場所には、昭和四～七年（一九二九～三二）にかけて移築された。外観は茅葺の入母屋造の屋根で、軒が高く、整然と並ぶ縁側の障子と欄間、そして二階の障子窓が美しい。内部は豪壮な梁組がみえる土間と九つの座敷、玄関の式台などから成っている。主座敷としての上ノ間は十畳敷きで床の間、違棚、付書院が設けられた書院風の座敷である。非常に高い天井が、この建物がかつて大庄屋であったという、格式の高さを伝えている。

ここで注目したいのは、まず上ノ間隣の十畳の中ノ間。基本的には襖や板戸で仕切られた通常の民家の座敷であるが、その内の二枚の襖にじつに鮮やかな絵が描かれている。絵は屛風絵を張り替えたと思われるもので、扇面づくしの図柄である。作者などは不明であるが、扇面には花鳥や人物などさまざまなモチーフが描かれている。並びの舞良戸《まいらど》、あるいは上部の土壁との対比が、この襖を際だたせている。

その奥には奥ノ間として六畳半の茶室がある。いや厳密には、炉が切られているわけでもないし、茶室とはいえないかもしれない。この部屋の元々の姿は不明であるが、床の間を作り、天井を張るなど、茶の湯にも使用できるものとして、耳庵《じあん》が工夫したものであろう。耳庵が茶の湯に関わりはじめた頃のものである。特色は古材の転用である。床柱はこの建物の小屋組を構成した部材であろうか、正面にほぞ穴をみせ、転用材であることを強調した意匠である。天井は屋根に使用されていた飴色に煤けた竹垂木《たるき》を簀子天井にしたもので、低く抑えられている。部材の転用というところに、後の耳庵を先見させている。しかし他の部分は、ごく普通の民家である。扇面づくしの襖にみられる対比のおもしろさもない。後のものに比べると、まだ青さの残るところである。しかしその原点として、この茶室は重視されなければならない。

各部屋の襖の引手、あるいは釘隠も注目される。デザインは特に統一されてはいないが、花菱や桐をモチーフにしたものがあり、七宝で作られたものもある。また付書院や欄間の障子のデザインもおもしろい。

質実で豪壮な建物と、華やかな意匠が組み合わされ、そして歴史を伝承するものが意図して組み込まれ

斜月亭
床柱や書院棚は寺院の転用材、襖絵との組み合わせがおもしろい。

る。耳庵の世界がここにはじめて表現されるのであった。

◆斜月亭

斜月亭《しゃげってい》は昭和十四年（一九三九）に建てられたものである。大工は古谷善造。耳庵の茶が円熟味を増してきた時期のものである。外部は切妻造に瓦葺きの屋根で、屋根勾配を小さく押さえて簡素な造りとなっている。内部は主室となる八畳の上ノ間、六畳の次の間、仏間、表五畳、七畳半の奥ノ間などから成っている。特色は造作材として古材を使用していることである。ここでは当麻寺と東大寺の廃材を使用しているという。上ノ間の床の間は転用された部材で組み立てられている。床柱は四寸ほどの円柱で、風食した柾目が美しい。数寄屋特有の丸太ではなく、整形した円柱であることから、寺院の厨子《ずし》あるいは宮殿《くうでん》の部材の転用ではないかと思われる。書院棚は須弥壇《しゅみだん》の部材であるとみられる。床脇に立てられた襖も大いに注目される。襖絵は作者など不明であるが、金箔押に緑青《ろくしょう》で萩の群生図が描かれており、琳派風のものである。ここではその古材の転用と琳派風の絵画の組み合わせが絶妙である。

◆久木庵ほか

久木庵《きゅうぼくあん》は土岐二三の遺構で、千宗旦の好みと伝えられ、山本条太郎から耳庵に送られ、昭和十四年（一九三九）に移築されたものである。屋根は茅葺で、内部は二畳大目《だいめ》の茶室と水屋から成る。茶室の炉は大目《だいめ》切で床の間は下座床、点前座には中柱が立てられている。茶道口は点前座脇に設けられ、給仕口が引き違いの襖で、亭主の出入り口として三枚の襖が矩折《かねおり》に配置されるのは、珍しい組み立てである。

このほか、この場所には、幾つかの茶室が建てられていた。現在上野の東京国立博物館構内に移築されている春草廬《しゅんそうろ》。これは別の項で、原三溪《さんけい》によって名前を付け替えられた、といわれるもう一方の茶室である。また織部《おりべ》好みの四畳の席を元にし、自らの号をつけた耳庵、さらに照月軒、自在軒という茶室もあったという。

松永耳庵が本格的に茶の湯に関わるのは、前述のように還暦（一九三五）の頃からである。昭和十三年（一九三八）には、原三溪《さんけい》の薦めで飛騨高山の民家を譲り受け、柳瀬荘《やなせそう》にほど近い北足立郡大和田町（現在の新座市）の平林寺の一角に、睡足軒を建てる。昭和十五年（一九四〇）には、鈍翁《どんのう》、三溪と受け継がれてきた箱根強羅の白雲洞《はくうんどう》茶苑を入手する。この時期、積極的に茶室を入手し、茶の湯三昧の生活を送る耳庵《じあん》の姿がみられる。しかし戦後、柳瀬荘は手放され、昭和二十一年（一九四六）からは小田原近郊に老欅荘《ろうきよそう》を建て、それが晩年の茶の湯の拠点となった。

このように耳庵の茶室をみていくと、その原点としての柳瀬荘の重要性が理解されよう。鈍翁、三溪から受け継いだ茶室の造形手法が、ここにみることができる。建築の移築、民家の転用、歴史の伝承、そこに独自の茶境を組み込むのである。

茶室の寄進

◆数寄者の寄進

近代の数寄者は、公共施設や寺院などに寄付を行うことも少なくなかった。

大正十年（一九二一）、高野山において霊宝館が建てられた。建築に際して、主に東京で活躍していた数寄者たちによって、その資金が捻出された。高野鉄道の社長であった根津青山《せいざん》、弘法大師の遺徳を景仰する大師会を主催していた益田鈍翁《どんおう》、そして馬越化生《けしょう》、高橋箒庵《そうあん》、野崎玄庵《げんあん》らであった。この施設は仏教美術の宝物を保存し公開するためのもので、近代数寄者の見地をよく表したものといえよう。数寄者たちはまた、各地の寺院に数多くの茶室を寄進してきた。その代表とも言える人物が、関東では高橋箒庵、関西では山口玄洞《げんどう》であろう。

東京護国寺は、大正年間より数寄者たちによって、茶道の本山としての体裁が整えられていった寺院である。その中心にいたのが高橋箒庵であった。箒庵は大正十一年（一九二二）の石灯籠の寄進をはじめとして、多くの茶室を寄進してきた。小座敷《こざしき》の箒庵、三笠亭、不昧軒《ふまいけん》、円成庵《えんじょうあん》などである。また松平不昧の墓地も箒庵によって移されたものである。他にも裏千家蕾会の寄進による艸雷庵《そうらいあん》、原六郎による三井寺月光院客殿（月光殿）の移築、かつて馬越化生邸にあった化生庵《けしょうあん》や月窓庵が移築されるなど、境内には次々に茶室が建てられてきた。それは大師会の会場の確保とともに、公の性格を持つものとして整備されていったものである。

本阿弥光悦の遺徳をしのんで行われる光悦会のため、光悦寺に新たな茶境が開かれたのは大正四年（一九一五）頃からである。土橋嘉兵衛の寄進によって再建された大虚庵《たいきょあん》をはじめ、光悦会の諸氏によって寄進された本阿弥庵、高橋箒庵の寄進による徳友庵、八木与三郎邸から寄付された騎牛庵《きぎゅうあん》などが次々と建てられていった。

古くから茶の湯との関わりが深い大徳寺では、近代においても十軒の茶室が建てられている。その中心にいた人物が山口玄洞《げんどう》であった。大正のはじめ頃に総見院の寿安席《じゅあんせき》、龍翔寺の韜光庵《とうこうあん》は大正十一年の建築、正受院の瑞応軒《ずいおうけん》は昭和三年（一九二八）の再建、大慈院の頓庵《とんあん》は昭和三年に芦屋より移築、そして、あとで述べる興臨院の涵虚亭《かんきょてい》は昭和三年に建築されたものである。玄洞は公共施設に対して多くの寄付を行い、自らの財産を社会還元してきた。信仰心の篤い玄洞は、寺院に百棟近くの堂塔を寄進するとともに、寺院内にいくつもの茶室を寄進している。大徳寺におけるものの他、神護寺に了々軒《りょうりょうけん》、勧修寺《かじゅうじ》の舞鶴亭《まいづるてい》、宝鏡寺の三白社《さんぱくしゃ》などがある。

◆大徳寺興臨院涵虚亭

大徳寺興臨院は、大徳寺第八十六世小溪和尚を開祖として、天文年間（一五三二〜五五）に畠山義総によって創建された塔頭《たっちゅう》である。寺号は義総の法号より名付けられたものであるが、畠山氏が滅んだ後、前田家の菩提寺となった。昭和になって山口玄洞によって茶室の涵虚亭《かんきょてい》が寄進された。

涵虚亭は興臨院庫裏《くり》の北側に位置しており、四畳大目《だいめ》の茶室と四畳半の水屋からなっている。四畳大目《だいめ》の小座敷《こざしき》は下座床の席である。床の間は袋床の形式となっており、袖壁には下地窓が開けられている。点前座《てまえざ》は大目《だいめ》構えである。袖壁の壁止めには竹が使用され、釣棚は下の棚を客座側からみせており、いわゆる利休流の組み立てである。大目《だいめ》構えの場合、点前座の勝手付《かってつき》に色紙窓が設けられることがあるが、ここでは壁のうしろが水屋となっており、そこにあえて窓を設けるようなことはせず、シンプルな壁面として表現されている。こういうところにも利休からの流れが感じられるのである。給仕口は床の間の横に配

涵虚亭床の間
床の間は袋床形式である。袖壁の前に板畳が設けられている。そのため給仕口と床の間の位置関係、また床前から点前座への見通しが良くなっている。

置されている。ただし床の間に袖壁が取り付けられており、また給仕口を入ったところに板畳が敷かれており、使い勝手が良くなっている。またこの板畳があることにより、床の前から点前座の視界が良くなる、という利点も生まれている。非常に巧みな組み立てである。小座敷の席に躙口《にじりぐち》と貴人口が併用されるものは、近代の茶室において多くみられるものである。貴人への配慮、という視点もあっただろうが、しかしそれ以上に茶室の使い勝手のヴァリエーションという意味が大きかったと考えられる。またこの茶室の場合、貴人口に建てられた障子からは、大きな採光があり、窓の数の割には明るい茶室となっている。このような形式は近代の茶室の特色として、公の性格を担わされたところから来るものと考えられる。

◆高山寺遺香庵

京都栂尾に位置する高山寺は、明恵《みょうえ》上人に

高山寺・遺香庵小座敷内部
四畳大目という変化に富んだ平面で下がり壁が使用されるなど、近代建築の特色を備えている。

よって再興され、華厳《けごん》興隆の道場とされた寺院である。また栄西《ようさい》禅師が宗から持ち帰った茶種を、明恵上人が植えたという茶園が境内に残ることでもよく知られている。その明恵上人の七百年忌に際して、高橋箒庵《そうあん》・土橋嘉兵衛らの寄進により、昭和六年（一九三一）、境内に建てられた茶室が遺香庵《いこうあん》である。好みは高橋箒庵で、数寄屋大工は木村清兵衛、その庭園は小川治兵衛によるものである。

　四畳大目《だいめ》の小座敷《こざしき》、八畳の広座敷、そして水屋などから成る建物である。広座敷は、八畳の広さを持ち、土庇が差し掛けられ、濡縁《ぬれえん》と貴人口が設けられている。貴人口上部の欄間は、愛宕《あたご》山であろうか、山のかたちにあしらわれている。床の間と床脇が矩折《かねおり》に配置され、床脇には地袋が設えられ、古木を使った棚が架けられている。

　小座敷は、瓦葺きの屋根に軒先および庇の部分は銅板で吹き下ろし、軽快な意匠としている。躙口《にじりぐち》は正面中央にあけられ、その右側には火灯窓がみえる。また側面には貴人口が取り付く。内部は四畳大目《だいめ》で大目《だいめ》切の炉、点前座は大目《だいめ》構えで勝手付《かってつき》に色紙窓があけられる。躙口の正面には床の間が設けられ、下座床の形式をとる。床の間の横には給仕口があけられているが、曲木が使われたおもしろいデザインで、その前に板畳を敷き、給仕の動線も良いように工夫されている。

さてここで注目されるのは、小座敷の平面構成が先の涵虚亭《かんきょてい》と似ていることである。もちろん茶室の平面には似たものが多く存在するし、写しという考え方によって同じ茶室は数多く造られており、あえていうまでもないことだ、とのみかたもある。しかし、ここでいいたいのは、近代の特色としてのその形式である。まず四畳大目《だいめ》という平面は、小座敷としては大きなものであり、大目《だいめ》構えの組み立てなど変化に富んでいるということ。次に躙口《にじりぐち》と貴人口を併用していることで、これも変化のおもしろさ、そして内部の明るさを確保していることである。個人宅に私蔵されている茶室は別として、このように寄贈されるなどして多少なりとも公の性格を有する茶室は、不特定の人々が使用することを考慮し、小座敷においてもある程度の広さの確保、そして変化に富んだ平面による意匠のおもしろさを求めると同時に、使い勝手の良い平面ともなるように工夫されているのである。つまり近代においては、個性の強い茶室の存在とともに、大きな拡がりをみせる茶の湯に、一定の影響を与えたものとして、このような形態の茶室が評価されるのである。

山口玄洞や高橋箒庵をはじめとして、数寄者による茶室の寄進は、近代における大きな流れであった。数寄者の多くは経済人であり、ともすればその破天荒な人生、あるいは自由な作風の茶室に目を奪われがちである。しかし彼らは同時に献身的に茶室の寄進を行っていた、という地道な活動にも注目せねばならない。そしてそれらの多くは公共性を有するものとして造られ、近代の茶の湯そして茶室の普及における意義は大きく、現在においても市民の茶の湯を支える施設として、重要な意味を持つのである。

民芸の茶室

鷹峯《たかがみね》光悦寺にほど近い、京都市北区玄琢《げんたく》に土橋邸はある。この住宅は道具商土橋嘉兵衛《かへえ》が河井寛次郎に相談し、柳宗悦《むねよし》ら民芸運動のメンバーの協力を得て、昭和九年（一九三四）に完成した建築である。大工は内藤源七であった。表門から望む屋敷は、交錯した複雑な屋根に庇がとりつき、変化にとんだ組み立てである。左にひときわ高く、寺院の庫裏《くり》をイメージさせるような僅かに反りを持った切妻屋根がみえるが、そこは台所である。その妻面には町家にみられる虫籠窓《むしこまど》が設けられ、その上には「玄琢庵《げんたくあん》」の額を掲げている。玄関が穏やかな切妻屋根に差しかけた庇によって、地味に構成されているのとは対照的で、民芸の思想を現したとみられる興味深い組み合わせである。

◆民芸

土橋邸は民芸の建築として知られた建築である。ここで民芸について少し述べておこう。民芸は民衆的工芸を略した言葉として、大正十四年（一九二五）、柳宗悦、河井寛次郎、濱田庄司によって造語された言葉であった。

現在においても民芸という言葉しばしば使用されているが、しかし多くの場合、柳らが提唱したものと若干のずれを生じているように思われる。明治維新以来、日本の方針としてその中心にあった西洋的価値観に対して、特に柳の考えには、東洋的な価値観、美意識というものが組み込まれていることに注意しなければならない。とりわけ福沢諭吉の脱亜論に象徴される、日本が欧米列強に対抗するため、アジア諸国との関係を低く位置づけることへの反発でもあった。ここでの民衆とは社会的により弱い立場の者としての意味を持ち、西洋に始まる近代においては、弱い立場であった東洋に着目したのである。そしてその民衆が造る生活に根ざした工芸で、意図的に巧んだものではなく、自然に生まれてくる美の概念である。つまり、民衆の工芸として、よりグローバルな意味として、そして無心な美の表現として、民芸があったととらえなければならない。

民芸の活動において、京都は重要な位置にあった。河井寛次郎は大正三年（一九一四）から京都に住まい、のちに現在の河井寛次郎記念館となる自邸を建築する。河井の後輩でもある濱田庄司もその後、先輩をたよって京都に来て、河井と共にうわぐすりの研究に没頭する。濱田はその後、イギリスや沖縄そして益子、と移動するのであるが、彼が道をみいだしたのは京都であったという。そして柳宗悦も関東大震災を機に東京をはなれ、一時、京都に移り住むのであった。その後、柳は日本民芸館の開設のため、再び東京に戻り奔走することになる。昭和二年（一九二七）、上賀茂の社家に上賀茂民芸協団が設立された。これは柳が理想とする中世ヨーロッパの職人集団、つまりギルド的な工人たちの制作集団である。残念ながらこの集団は約二年半で解散するに至るのであったが、個人の作家としてではなく、民衆的な制作手法として、安価で良質な工芸を生み出そうと、その理想を現実化しようとしたことは、十分評価されなければならない。

大正八年（一九一九）、海の向こうドイツでは、ワイマールにおいて芸術とあらゆる職能の統合する学校としてバウハウスが設置された。またそれに遡る明治三十二年（一八九九）、やはりドイツのダルムシュタットでは芸術家村が設けられ、新進の芸術家たちがそこに集まり、理想郷が形成された。十九世紀末から二十世紀初頭にかけて、芸術あるいは工芸の新しい可能性が、このような形で試みられたのであった。それらを遡ることおよそ三百年、本阿弥光悦によって、光悦寺に芸術家村が開かれたのである。その光

玄庵点前座
伏見稲荷大社の御茶屋を元にして形作られた茶室である。ここでは床の間脇に点前座が設けられ、炉は向切である。勝手付には戸棚と違棚、そして洞庫としての地袋がある。

悦の遺徳をしのび、大正二年（一九一三）に光悦会が発足し、同四年（一九一五）から毎年茶会が行われてきた。その中心にいたのが土橋嘉兵衛であった。

◆玄庵

さて、話題を土橋邸に戻そう。土橋邸の茶室は庭の中に未足軒、そして玄関の右奥、十二畳半の座敷を回り込んだ北側に設けられている玄庵がある。ここで扱うのは後者である。

玄庵は、七畳で向切の炉が設けられた茶室で、土橋自身の好みによるという。形態は伏見稲荷の御茶屋を意識したものとなっている。床の間は一間床で床柱には桐の四方柾が使用され、床框は春慶塗である。稲荷の御茶屋とは、点前座《てまえざ》の位置および炉の切り方に違いがみられる。ここでは床の間に並んだ一畳が点前座である。点前座の勝手付《かってつき》には、袋戸棚、違棚が設けられ、下方の地袋は、扉を開けると洞庫として使用できる仕掛となってい

玄庵書院棚
付書院に火灯窓の組み立ては、伏見稲荷大社の御茶屋と同じ構成である。ここでは卓板が桑、枠は黒漆塗、周囲は杉の杢板である。

る。点前座は装飾的な一面もみられるが、しかし垂れ壁により客座側とは区分し、天井高も低く設定している。謙虚な構えである。

亭主の出入り口は、方立《ほうだて》口形式の茶道口と火灯口形式の給仕口から成る。いずれも襖には水墨画が描かれており、通常の茶室に用いられる太鼓襖とは少し趣が異なる。また給仕口の火灯の曲線も、茶室におけるものとしては極めて珍しい形態である。並びの障子の腰板にも水墨画が描かれている。

床の間の向かいには障子が建てられ、そこが貴人口となっている。かつて近衛文麿の御成の話があり、この貴人口を使用する計画であったという。結局、御成はなかったのであるが、現在その上がり口の上に掲げられた「玄庵」の扁額は近衛の書になるものである。この貴人口の腰板は、籐の網代《あじろ》で組まれ、煤けた色調となっている。そして躙口《にじりぐち》は茶室の外部、貴人口とは矩折《かねおり》に廊下に面して設けられている。格子戸を応用したような形をした躙口である。床の間に向かって右側には火灯窓が設けられている。禅宗寺院などにみられるものであるが、裾の広がりが殆どみられず、簡潔な表現である。

この茶室を概観するならば、非常に端正な作りとなっていることに気づかされる。決して草庵風のそれではない。しかし、さらによく観察すると、通常の書院風の茶室の趣とも、また違った構成である。薄味で決して強く主張することはないが、そこには東アジアの気品が漂っている。火灯型や水墨画、そして網代《あじろ》の組み立て、それらは確かに日本のものではあるが、しかし東アジアに共通するデザインでもある。

そしてそれらは意図的に巧むことなく、自然にあるかのごとく組み立てられている。中に収まる人や道具を主体として考えられたものである。柳宗悦や河井寛次郎の理想が、ここにさりげなく組み込まれていたのである。

数寄者を支えた技術者

近代の数寄者たちの数寄屋を支えたのは、数寄屋建築家あるいは数寄屋大工たちであった。一般の建築家たちが数寄屋に関わるのは、主に昭和になってからのことである。明治・大正の数寄屋を支えた人物として、数寄者の立場から柏木貨一郎《かいちろう》、数寄屋建築家として仰木魯堂《ろどう》、そして数寄屋大工として木村清兵衛らの名が挙がる。

◆二代目木村清兵衛

明治五年（一八七二）、第一回京都博覧会において立礼《りゅうれい》席が披露された。幕末に鎖国が解かれた後も、外国人の立ち入りが制限されていた京都において、このときばかりは解放されることになった。それを意識して、玄々斎《げんげんさい》が試みたのが立礼で、新しい時代の到来を感じさせるものとなった。その点茶盤を制作したのは二代目木村清兵衛である。彼はその名を幸次郎といい、安政三年（一八五六）、十二歳の時に、父である初代木村清兵衛について、咄々斎《とつとつさい》から抛筌斎《ほうせんさい》にかけての裏千家住宅の整備を行っていたのである。

京都に続いて堺博覧会でも、清兵衛は活躍の場が与えられた。当時千利休の茶室として伝えられていた、塩穴寺実相院の茶室を、博覧会場の南宗寺に移築することになった。明治九年（一八七六）のことである。残念ながらこの茶室は昭和二十年（一九四五）の戦禍で焼失しており、現在のものはその後に再建されたものである。

おもしろいエピソードがある。この茶室は明治九年（一八七六）の博覧会に向けて、移築が計画されたものである。しかし前述したように会期期間中には工事は完了せず、しかたがなく南宗寺天慶院《てんけいいん》の大黒庵で茶が振る舞われたという。大黒庵は武野紹鷗《じょうおう》の遺構と伝えられていた茶室であった。しかし当時、利休の茶室で茶が呈せられる旨、博覧会のチラシには印刷されていた。その関係者のあわてふためきようが想像されるが、清兵衛は泰然として仕事に当たったのであろう。移築工事は会期終了後に完了し、翌年の博覧会には展示されていた、というのである。

京都を中心に活躍していた二代目木村清兵衛にも転機が訪れる。東大寺四聖坊の茶室が東京の井上馨の麻布鳥居坂の本邸に移築されることになり、この工事に携わるのであった。明治二十年、この茶室の席開きには、明治天皇の行幸を迎える計画があった。明治維新以後、冬の時代を迎えていた茶の湯にとって、これは復興への大きな契機となるものである。その後、木村清兵衛は東京を中心に活躍することになった。

◆三代目木村清兵衛

三代目木村清兵衛は明治四年（一八七一）生まれで、名を芳次郎といい、京都の呉服商から養子に迎えられた人物である。東京での仕事が多くなるにつれ、先の井上馨をはじめ、益田鈍翁《どんおう》、高橋箒庵ら数寄者との関わりが深くなった。高山寺において明恵上人七百回忌に際し、高橋箒庵らが寄進した茶室、遺香庵《いこうあん》は三代目清兵衛が手がけたものである。四畳大目《だいめ》下座床の席で、昭和六年（一九三一）のことであった。

それに遡る昭和四年（一九二九）、京都東山に桐蔭席を建てる。裏千家社中による設計で、淡々斎《たんたんさい》の指導によるものである。寄付と八畳の広座敷、そして四畳半大目《だいめ》などから成る席である。四畳半大目は猿面茶室の写しであるが、躙口《にじりぐち》の位置を変更するなど、独自性もみせている。

裏千家桐蔭席　天井の組み立て

裏千家桐蔭席　点前座
オーソドックスな形態であるが、下がり壁を使用するなど近代的な側面も有する。

大礼記念国産振興東京博覧会茶室（諦聴寺 花雲）　天井
燈心亭のように格天井には葭や菰、あるいは籐の網代組など、さまざまな材を組み込んでいる。しかし下がり壁と掛込天井を組み合わせており、燈心亭にはない近代の手法がみられる。

大礼記念国産振興東京博覧会茶室（諦聴寺 花雲）　点前座
勝手付には色紙窓が設けられている。また天井が平天井と点前座の格天井との境が下がり壁となっている。いずれも近代によく好まれた手法である。

さらにその前年、昭和三年（一九二八）、東京上野公園において大礼《たいれい》記念国産振興東京博覧会が開催された。ここで清兵衛は、水無瀬神宮の燈心亭をその原型にした茶室を制作している。この茶室は博覧会終了後、鎌倉、そして東京阿佐ヶ谷に移され、昭和五十七年（一九八二）には東京代々木の諦聴寺《たいちょうじ》に移築され、現在に至っている。席名は花雲という。平面は三畳台目で下座床、格天井には葭《よし》や菰《こも》あるいは籐《とう》の網代《あじろ》組など、さまざまな材の取り合わせがみられる。しかし掛込天井の構成あるいは点前座《てまえざ》勝手付《かってつき》の色紙窓など、燈心亭との違いもみせている。

この茶室の天井の組み立ては、近代に特徴的な構成である。つまり平天井と掛込天井との境、そして客座の平天井と点前座の落天井の境、いずれにも下がり壁が設けられている。天井を高くすることにより、茶室のもつ厳しさを緩和しつつ、しかし下がり壁によって、空間の質の違いを暗示するのである。これは桐蔭席や遺香庵《いこうあん》においても使われている手法で、また高橋箒庵が護国寺に営んだ円成庵《えんじょうあん》（一九二五）などにもみられるものである。何がオリジナルであるのかは、現在のところ不明である。茶室における下がり壁そのものは、裏千家御祖堂、表千家不審菴あるいは兼六園の夕顔亭など、時々見受けられるが、近代におけるブームは、おそらく円成庵《えんじょうあん》を設計した仰木魯堂《ろどう》、あるいはこの木村清兵衛によって広まったのではないかと推測される。

昭和十年（一九三五）には、前年の室戸台風によって甚大な被害を被った、桂離宮の修理に木村清兵衛は携わることになる。そのころの桂離宮は、ドイツの建築家ブルーノ・タウトによって絶賛され、それによって多くの日本人建築家ならびに一般の人々においても、急激にその注目度が高まった時期であった。その工事を行うことは、まさに大工冥利に尽きるものとなった。

木村清兵衛は代々数寄屋大工として活躍してきた。とりわけ近代においては、時代の代表的な建築を次々に手がけるのであった。それぞれの茶室は宗匠や数寄者の好みとなるが、細部の工夫は工匠《こうしょう》の技術によるものである。木村家は忠実にその技術を伝え、その技術を基本として的確に新時代への対応も行ってきたのである。いや逆に、清兵衛の手法がその時代の特色といった方が良いのかも知れない。

田舎家からの系譜

◆茅葺の茶室

「市中の山居」といわれるように、茶室は田舎のわび住まいを、その一つの理想としたのであり、数多くの茅葺の茶室がつくられてきた。いうまでもないことだが茅葺の茶室は決して珍しいものではなかった。特に明治のはじめ、奥向きにあった茶室が、公園として、あるいは博物館、博覧会場において、一般に公開された。金沢兼六園の夕顔亭、のちの東京国立博物館に移築された六窓庵、あるいは京都博覧会時に公開された桂離宮の松琴亭や笑意軒など、田舎のわび住まいを範とした建築も、これを機に多くの人々に対して、その姿を現すのであった。そこでは、のちに活躍する数寄者たちの多くも、その印象を強くしたことであろう。

明治末あるいは大正時代頃から新たな動きが始まってきた。それは茅葺の民家を利用した茶室である。それまでの茅葺の茶室として新築されたものや、それを移築したものとは違って、民家という本来違う目的で建てられた建築を、茶室として再生しようとするものである。移築あるいは改築、もしくはその部材を利用して新しい茶室をつくろうとするこれらの試みは、「山居の躰《てい》」の本質を、さらに極めたものとして理解されよう。また現在よく使われる言葉でいうとリノベーション、ということになろう。新築か保存かという二者択一ではなく、第三の方法として、現存するものを修理して、あるいは一部を改修して建築を生かそうとする手法である。在来の建築を移築して、あるいは改築して、新しい時代に対応する。これは日本建築のもつ大きな特色なのであった。

田舎家風の建築、あるいは田舎家の利用、これは日本建築のもつ特色の一つである。堀口捨己《すてみ》はオランダに建築を学んだのち、その田舎家風の住宅に心惹かれ、「建築の非都市的なもの」と題する論文をまとめる。その中で、非都市的な建築として日本建築には優れたものが多いと主張し、そこに茶室の例を引いているのである。

◆白雲洞茶苑

箱根強羅公園にある白雲洞《はくうんどう》茶苑は、近代を代表する数寄者、益田鈍翁《どんおう》、原三溪《さんけい》、そして松永耳庵《じあん》が所有してきたことでも知られている。

明治の半ば頃より、小田原電気鉄道によって強羅地区の開発がはじまった。その開発には益田鈍翁の貢献が大きかったといわれ、それにより、鈍翁は強羅の景勝の地を提供され、この茶苑を開いたのである。大正三年（一九一四）から築造がはじめられ、白雲洞、不染庵《ふせんあん》と、奇岩を利用した浴室、白鹿湯《はくろくとう》が設けられた。のちの大正十一年（一九二二）、鈍翁はかねてより親交のあった原三溪にこの茶苑を譲った。その三溪は三つ目の茶室、対字斎を新築した。三溪の没後、昭和十五年（一九四〇）、遺族の申し出により、この茶苑は松永耳庵に譲られた。三溪は鈍翁の遺構を丁寧に温存し維持していたというが、耳庵はむしろ自由にこの茶苑に改築を施したようである。ただ具体的にどのような手が加えられたのかは、綿密な調査によっても明らかにはなっていない。

さてここで注目したいのは、鈍翁が最初につくった白雲洞である。この茶室は茅葺の民家を茶室に改めたものである。箱根近辺の農家の古材を組み合わせ、つくったものであった。主室は七畳の間と四畳の次

箱根強羅公園　白雲洞
大炉の構えに壁床の形式である。意外にも、古材の利用という今日的課題は、二十世紀の茶の建築の特色でもあった。

の間、一畳の仏間、二畳の水屋から成る。座敷の周りに濡縁を回し、茅葺の外観を小さくまとめ上げている。しかし内部は豪壮で質朴な造形を見せている。七畳の間には、農家の囲炉裏を応用した大炉が切られている。床の間はあえて設けず、壁床の形式で、畳は縁のないいわゆる坊主畳《ぼうずだたみ》を使用している。重厚な小屋組を見せ、天井は竹垂木《たるき》を残し土で塗り込められた屋根裏を見せている。

鈍翁は特に茅葺の田舎家を好んだようである。白雲洞の他、品川御殿山の屋敷の土足庵、小田原掃雲台の観濤荘などが建てられた。また、耳庵の田舎家は、先にも記した柳瀬荘《やなせそう》黄林閣《おうりんかく》が有名であるが、昭和十三年（一九三八）には、飛騨高山付近の田舎家を埼玉県に移築し、田舎家の茶を楽しんだというが、これが原三溪の世話によるものであった、というのもおもしろい話である。

◆遊雲居

遊雲居田舎家内部
移築したという田舎家には茶室が設けられたが、かつてのナンドに炉が切られただけで、特別の意匠は施されていない。この建物は近衛文麿によって蛙吹庵と命名された。

山口玄洞《げんどう》は、洛北松ヶ崎に山荘遊雲居《ゆううんきょ》を開いた。比叡山を借景にした約四千坪の広大な敷地で、昭和初年頃から造営が進められたという。屋敷地には数棟の茶室が建てられていた。ここに田舎家のひと棟があった。滋賀県の鈴鹿山中から移築されたという民家であった。屋根は茅葺の入母屋造で低く葺き降ろされたもので、その古さを感じさせる造りとなっている。

民家の形式は、いわゆる田の字型の民家で、土間の隅に設けられた馬屋の部分が待合にされ、ハシリ（炊事場）がそのまま立ち水屋に応用されている。また囲炉裏のあるダイドコロは茶事の準備をする場所として活用される。

茶室はかつてのナンド、すなわち寝室に炉を切ったもので、ごく少し手が加えられただけで床の間も設けられていない。別に床の間を備えたかつての座敷があるが、あえてナンドを茶室としたところに、ここのおもしろさ

紫烟荘居間（『紫烟荘図集』洪洋社刊より）**と高台寺時雨亭の東壁面**（『日本の美術　83茶室　堀口捨己編』至文堂刊より）

がある。六畳敷の平面で、畳は坊主畳《ぼうずだたみ》、掛物は壁床に掛けられる。天井は平天井と化粧屋根裏天井が組まれた形式で、野太い垂木《たるき》や梁組などがあらわになっており、野趣あふれる構成となっている。この席は近衛文麿によって蛙吹庵と名付けられた。

◆堀口捨己の紫烟荘

堀口捨己《すてみ》は、大正十五年（一九二六）、埼玉県蕨《わらび》に、馬場の休憩場所として紫烟荘《しえんそう》を設計する。建築の主は牧田清之助。牧田は東京日本橋で呉服商を営み、茶をたしなみ、能を好んだ粋人で、埼玉県蕨にあった馬場の休憩場所として、堀口に設計を依頼したのがこの建物であった。堀口の『現代オランダ建築』という本を見て、茅葺の洋館をつくってみたい、という気持ちが建設のきっかけであったという。残念ながら二年後に焼失している。

さて当時、ヨーロッパでは旧態依然《きゅうたいいぜん》とした建築から脱却し、あらたな建築の創造への取り組みが行われていた。モダニズム、つまり近代主義建築への転換点となる重要なエポックであった。オランダでは煉瓦造に茅葺の屋根を葺いた形態が好んで建てられていた。いわゆるアムステルダム派である。ちょうど堀口がヨーロッパに出かけたとき、これらの建築に出くわし、その田園的（非都市的）で芸術的な価値を持つ造形に着目し、それらを中心に前述の著作を上梓することになった。紫烟荘はこのアムステルダム派の影響を大きく受けた建築であった。

紫烟荘は、宝形造で茅葺の屋根である。急な勾配を持つが、起りがあり、優しさを感じさせるものであった。また平板な壁には円形や四角形の窓が開けられ、簡潔な構成をみせる組み立てである。おもしろいのはその壁面に組み立てられた窓の構成である。高台寺時雨亭の東壁面を連想させるものである。そして宝形で茅葺の屋根は傘亭をイメージさせる。時雨亭と傘亭は伏見城の遺構と伝えられてきた建物である。いずれも直接参考にしたかどうかということは明らかではないが、紫烟荘とこれらの茶屋との間に共通の構成がみられる。さらにこの時期の堀口の一連の作品、小出邸（一九二五）、紫烟荘、双鐘居《そうしょうきょ》（一九二七）には大胆な色使いや材料の選択が見られ、これらは桂離宮松琴亭の加賀奉書の市松《いちまつ》張りや、笑意軒中の間の金箔とビロードの腰壁などと、底流に同じものが認められるのである。

小出邸内部
銀揉み和紙の使用やうぐいす色の大胆な色使いがみられる。

堀口はこの建築に、民家そして茶室のエッセンスを組み込もうとした。それはおそらくその時代の数寄者たちの動きが、建築家にも伝えられた、あるいは共鳴したひとつの証とも考えられる。そしてその考えを組み込んだ建築を、近代のものとして、ここに発信したのであった。

◆北大路魯山人と田舎家

北大路魯山人《きたおおじろさんじん》は、大正十四年（一九二五）、東京麹町《こうじまち》に料理店を開設した。世に知られる星岡茶寮《ほしがおかさりょう》である。この建物は、明治十七年（一八八四）に開かれた茶の湯のための社交施設、星岡茶寮《ほしがおかちゃりょう》が元になっており、社交施設としての体裁を保ちながら、会員制の料理店として発足したものであった。そこでは料理を供するとともに、書や陶芸の展覧会が開かれるなどしていた。じつはこの施設、魯山人が入手してからたびたび増改築されていたことが知られている。昭和七年（一九三二）には、田舎家が移築された。東京の都心にある星岡茶寮にも、ついに田舎家が移築された、と当時の雑誌は伝えている。残念ながら星岡茶寮そのものは戦災により焼失しており、現在みることができないが、魯山人自身が北鎌倉に移築し、住まいとしていた田舎家が伝えられている。

茨城県笠間に魯山人が北鎌倉に営んだ田舎家が移築されている。春風万里荘《しゅんぷうばんりそう》と名付けられたこの建物は、昭和四十年（一九六五）に移築され、現在、笠間日動美術館の施設として一般に開放されている。笠間への移築は、洋画家朝井閑右衛門《あさいかんえもん》と小説家田村泰次郎《たむらたいじろう》が、当時の笠間日動美術館理事長の長谷川仁《はせがわひとし》を訪ね、この地にアトリエを作りたいという要望から、芸術家村の構想が生まれ、この建物の移築に至ったという。

魯山人が北鎌倉に星岡窯を開いたのは大正十五年（一九二六）、料理と器とを併せて追求していた彼は、その理想の実現のために求めた土地であった。その邸内には、田舎家のほか、茶室や研究所そして工場や職人住宅なども作ったという。その土地に彼自身の住居として、移築した農家は、神奈川県厚木近郊の大庄屋伊藤家の屋敷であった。

屋根は、入母屋造茅葺で、中央に玄関が張り出している。表側は玄関の間から右に仏間と書院、左には

春風万里荘に併設された夢境庵外観
もとは独立して建てられていた。

春風万里荘　夢境庵内部
魯山人自らの設計による又隠写しの席で、黒柿の床柱を立てる。

奥まで続く土間、そして洋室が配置されている。奥向きにはプライベートな諸室が並ぶ。通常、民家の土間は梁組がみえる豪壮なものであるが、ここでは飴色に煤けた竹を、高い位置に並べて天井としている。また洋室は元の厩《うまや》を改良したもので、ヨーロッパの山荘風にしつらえられている。ステンドグラスの扉や暖炉《だんろ》が設けられており、茅葺屋根の側《がわ》に煉瓦の煙突がみえているのはおもしろい。

現在田舎家に並ぶ茶室夢境庵《むきょうあん》は、もとは茅葺入母屋造の独立した茶室で、魯山人《ろさんじん》の安息所として使用していたものだという。移築に際して併設したものである。この茶室は魯山人が設計したもので、四畳半の席と三畳の水屋からなる建物である。四畳半の席は本勝手上座床で、貴人口が躙口と矩折に設けられ、また下座側の天井には下がり壁が設けられ、南天《なんてん》の壁止めが使用されている。全体を通じて端正な造りであるが、床柱に立てられた黒柿が、その中にあって異質である。ここに田舎家にも通じる粗野な楽しみを生み出している。

大正から昭和はじめにかけて、田舎家の茶は一つのブームだったようである。星岡茶寮《ほしがおかさりょう》に田舎家が移築されたとき、「近来東都及京阪一流名士の間に田舎家を設けて、その粗野を楽しむことが流行している」(『星岡』16号)と伝えられている。

第四章　近代的視点からの茶室・数寄屋

◆西行庵

京都円山公園の辺りは真葛ケ原《まくずがはら》と呼ばれている。かつては真葛《まくず》や薄《すすき》が生い茂っていた場所で、萩や虫の名所としても知られていた。西行法師が出家して庵を結んだ地であり、松尾芭蕉も西行を慕ってしばしばここを訪れたという。現在の円山公園の南、西行法師の庵があったと伝えられる場所に西行堂がある。明治の頃、この草堂はかなり荒廃していたようで、それを嘆いた小文法師（宮田安二郎）が、堂の修復と、それを守るための施設として西行庵を再興した。この西行庵は、洛北紫竹にあった旧真珠庵門下の浄妙庵の建物を購入し、それを元に工夫したものであった。小文法師は、京都府知事に願って土地を借り、富岡鉄斎の勧進文によって工事費を集めた。大工は数寄屋大工の平井竹次郎に頼んだ。明治二十六年（一八九三）の完成である。

西行庵は茅葺きの寄棟造の屋根に、瓦の庇を深く葺きおろした外観である。内部には畳敷きの入側を廻した四畳半下座床の席と二畳大目《だいめ》向切の席、そして床面を瓦の四半敷《しはんじき》とした土間席がある。この土間の一隅には、売茶の担いを二つあわせた形態の点茶卓が据えられ、ここが立礼《りゅうれい》席であることを示している。土間は通りに面しており、東と北に戸が立てられ、玄関としての用途も併せもつ。大きさはおよそ四畳半で、西と南に小縁が付く。西側は一種の壁床形式となっており、小さな棚も組まれている。南側には、小縁の上に二畳大目《だいめ》の入り口となる躙口《にじりぐち》と下地窓がみえ、景として面白い構成である。二畳大目《だいめ》席を使用するときは、ここが待合にもなる。この土間席は、立礼という近代的な形式であるのだが、また一方、往古を感じさせる空間でもあり、立礼の空間造形として、比較的早い実例として注目されている。

西行庵土間席
向かって右に点茶卓があり、その横が壁床となる。正面に見える躙口と下地窓は二畳大目席のもの。

◆立礼の茶

立礼《りゅうれい》の始まりは、明治五年（一八七二）に行われた第一回京都博覧会の時と考えられている。建仁寺正伝院《けんにんじしょうでんいん》に「椅子点」の席が設けられ、椅子に腰掛けての点前が行われていた。博覧会と茶の関係は、慶応三年（一八六七）のパリで行われた万国博覧会に遡る。日本は徳川幕府と薩摩藩と佐賀藩が並んで展示品を並べていた。その時、茶が特に人気を博したという。明治に時が移り、殖産興業の旗印の元、各地で博覧会が開かれるようになり、そこでは茶をもてなす施設が整備されることとなった。一方、明治維新を迎えた茶の湯は、大名や大寺院などが没落し、多くの支持者を失い、また日本の伝統を軽視する風潮により、非常に苦しい立場におかれていた。そこで新しい時代へ適応するものとして、この「椅子点」の点前が考案され、新しい時代を予感させる博覧会という場で、それが披露されたのである。もちろん外国人を考慮したものでもあり、茶の湯の新時代への対応、という意識を強く訴えたものとなった。これは当時、博覧会を企画した一人であった裏千家の玄々斎《げんげんさい》の発案である。玄々斎はこのとき、自ら点茶卓や客用の卓・椅子のスケッチを描き、数寄屋大工木村清兵衛に制作を依頼している。台子を点茶卓に利用したもので、天板に風炉釜を据え、皆具《かいぐ》を飾ったという。

堀内家では、明治六年（一八七三）に「タワフル」と呼ばれる点茶卓を制作している。「タワフル」はテーブルのことで、オランダ語が訛ったものといわれている。中央に丸炉を組み込み、両脚には蒔絵で夕顔が施されたもので、同家の無着軒において、椅子式による茶事を行うための装置として考案されたものである。当時、中国からの訪問者や京都の旦那衆を招いての茶会が行われている。

これらの発展したものとして、西行庵の土間席がある。それまで点茶卓としての問題であったのだが、それを含む空間造形として形作られたものである。この土地は小文法師が京都府から借りたものであり、明治十九年（一八八六）に京都府によって公園地に指定された円山公園に隣接した場所である。明治期の公園は、日本の都市の近代化への役割を担った施設であった。府として、あるいは周囲から、新しい時代への対応を促したものかもしれない。

このように新しい試みが行われていたが、しかし主流はあくまでも畳の上に座しての茶であった。やはり伝統は、その流れをやすやすと改めさせることを容認しなかった。それでも、その後いくつかの立礼が試みられている。藤井厚二は、自邸聴竹居《ちょちくきょ》の離れとして建てた閑室《かんしつ》（一九二八）で、三畳の上段と腰掛が結合された空間を試みている。小林逸翁《いつおう》の好んだ茶室即庵《そくあん》（一九三六）は、三畳大目《だいめ》の座敷の二方に土間の客席を設けた形式である。また堀口捨己のビニールによる茶室美似居《びじきょ》、谷口吉郎の石と煉瓦と木でできた茶室木石舎《もくせきしゃ》は、昭和二十六年（一九五一）、東京上野の松坂屋で行われた「新日本茶道展」での立礼席であった。

又新《ゆうしん》は昭和二十八年（一九五三）、立礼式の空間として、淡々斎の還暦を記念して裏千家に増築された新しい茶室である。この立礼席は茶の家元として初めての試みとなるもので、立礼席と六畳の座敷から成り、外側には土間廊下を廻している。立礼席には点茶卓「御園棚」、および客用の椅子と机が配置されている。北東角には矩折《かねおり》に棚が設けられ、そこには六角形の窓があけられている。そして桟の組み方に特色

又新・立礼席より六畳
立礼席と座敷が組み合わされている。立礼席には点茶卓「御園棚」が設置されている。

又新・六畳から立礼席
障子の桟や六角形の窓などが近代的に表現され、逆に古材を使った民芸調の天井との対比が注目される。

のある障子など、近代的な意匠として組み込まれている。しかし天井に目を向けると、野太い材によって組み立てられ、さらに古材を使用するなど、民芸調の姿を現している。この立礼席の特色は、基本的には立礼として完結した姿をみせているが、また六畳の座敷が併設されていることで、座礼の茶を椅子席に繋ぐことができる形式ともなっている。座り方の新旧を融合させた形であり、その意味は意匠の新旧によっても象徴されている。

立礼の空間は、道具の扱いなどに困難な点が指摘される。しかし茶の湯への誘いとして、大切な役割を果たしている。茶の湯において畳に正座するという形式は、多くの人々からすれば障害と感じる部分である。その意味から、特に公の空間において、立礼席は少しずつ普及しつつあるようにみえる。だが個人の住宅では稀な存在である。かつて町家や農家にあった土間空間は、様々に使用されるユニバーサル・スペースであり、もちろん日常的な接客のためにも使用されていた。西行庵の土間席のように、いくつかの使用方法が考えられる空間として、可能性を秘めていた。しかし皮肉なことに、我々は日常の暮らしにおいて、機能的で利便な生活を享受するのとひき換えに、豊かな土間空間を急速に失いつつある。立礼として発せられた問題は、すまいのありようの問題とも大きく関連している。

幾何学的な茶室

◆三角亭

越後の三角亭は、明治二十四年（一八九一）、阿賀野川《あがのがわ》西岸に位置する沢海《そうみ》集落の豪農・伊藤家に建てられたものである。伊藤家は敷地八千八百坪、建坪千二百坪を擁する広大な屋敷で、現在、北方文化博物館、別名「豪農の館」として一般に公開されている。屋敷内には三角亭の他、築山の上に建ち、佐渡島を

三角亭床正面
三角形の亭にあわせて、床の間や畳、そして柱は平行四辺形である。また床脇には円窓があけられ、幾何学を強く意識させる組み立てとなっている。（北方文化博物館蔵）

遠望できる佐渡看亭《さどみてい》、表千家不審菴を写したと伝えられる積翠庵《せきすいあん》、七代目当主の雅号をつけた時庵、万延元年（一八六〇）の墨書がある常磐荘などの茶室がある。

三角亭は六代目の当主謙次郎が書斎として建てたものであるが、水屋を設け、茶室としても使用できるものである。三角形の建物の中には平行四辺形（ひし形）の主室の他、三角形の部屋が二つある。主室は十畳で、平行四辺形の畳が敷き詰められ、さらには平行四辺形の床の間と円窓を備えた床脇、違棚などが設けられている。また曲木の使用や氷割文の障子の桟など、各所に煎茶における文人趣味がみられることが特徴で、それは中国趣味にも通ずるものでもある。この三角亭、後の昭和二十年（一九四五）すぎには三楽亭と名付けられた。三楽とは儒学をはじめとする中国の学問や仏教にみられる思想であり、本来の命名の経緯は不明であるが、この亭がそのような思想に繋がることを象徴しているよう

三角亭内部
幾何学的な形で組み立てられている。

に思われる。

三角亭はこの越後の他、仙台にもあって木通庵という。「荒城の月」などで知られる詩人で英文学者の土井晩翠《ばんすい》の弟、土井良輔が大正六年（一九一七）に建築したものである。全体が三角形であり、三角形の座敷には三角形の炉が切られている。後の昭和十六年（一九四一）、この茶室は馬渕氏の所有となった。

またそれ以前、仙台に三角形の茶室は存在していた。享和（一八〇一～〇四）の終わり頃に伊達藩士芝多信憲が建てたものという。詳細は詳らかではないが、作者の芝多信憲は、兵法を極めるとともに儒学の大家でもあったと伝えられている。

さらに伊勢の津にも三角形の茶室があった。儒学を以て伊勢藤堂藩に仕えた奥田士亨《しこう》が建てた亭で、それが三角形だというのである。奥田士亨は京都堀川の古義堂《こぎどう》で伊藤東涯《とうがい》から儒学を学び、奥田三角とも称し、幾多の詩文を残しており、その中には「三角亭詩」なる漢詩もある。没年は天明三年（一七八三）で、三角亭は晩年の頃のものである。

以上、越後の三角亭をはじめ、幾つかの三角亭を北方文化博物館の角田夏夫の著『三角亭物語』を参考に概観した。ここに共通するものとして、文人趣味あるいは儒学などの中国思想の影響がある。それはまた、煎茶における特色でもある。もっともここに挙げたそれぞれの茶室について、煎茶または抹茶との区分は厳密になされるものではない、ということは断っておきたい。そして三角形の形態は、特にその思想的背景によるものである、ということに注目しなければならない。

◆高台寺遺芳庵

丸、三角、四角、近代には単純な幾何学形態の建築が好まれた。モダニズムは四角い箱で表現されるが、構成主義はそれが斜めに組み合わされる。あるいは表現主義は三角や曲線が好まれた。

一方、茶室はもともと抽象的な形態で組み立てられていた。桃山江戸期の建築を概観すると、寺社建築は、日光東照宮に代表されるように、細部の彫刻、例えば具体的な植物や鳥獣などの形態に大きなエネルギーが注がれており、それに対し茶の建築は、幾何学的で単純な形態の組み合わせに主眼がおかれていた、という傾向がみられる。

高台寺遺芳庵
吉野太夫を偲んで建てられたといわれている。
宝形造の屋根は三角形、四角の壁面、そして吉野窓と呼ばれる大円窓の組み立てがおもしろい。

高台寺遺芳庵は吉野太夫の好みと伝えられ、その没後、太夫を偲んで建てられたものと考えられる。幾度か移築され、現在の場所には昭和初年に移されている。一畳大目《だいめ》向板、つまり二畳という正方形の平面に向切逆勝手の炉が切られ、二畳の水屋が取り付く形態で、外観は茶室の上部の屋根が三角の宝形造《ほうぎょうづくり》となっている。特色は客座側にあけられた吉野窓と呼ばれる大円窓である。これは下地窓であるが、客座側壁面一杯にあけられており、採光や換気といった機能を中心に考えるものではなく、明らかに意匠的な効果、つまり幾何学図形の面白さを求めたものである。

遺芳庵　吉野窓
ほぼ正方形の壁面に大円窓があけられる。

◆松殿山荘

明治維新によって、人々の眼差しは西洋へと向けられた。建築においても、新政府はお雇い外国人を擁するなど、西洋風の建築の導入に躍起《やつき》になっていた。しかしやがて西洋において、近代建築としての新しい動きが始まったことを察すると、さっそくその学習に取りかかった。そこで理解したことの一つは、単純で幾何学的な造形であった。それが日本伝統の茶の建築に通ずることに気づくのに、さほどの時間を要することはなかった。建築の世界では、大正末頃から昭和にかけて茶室が大きくクローズアップされることになった。

高谷宗範《たかやそうはん》が宇治の木幡に開いた松殿山荘《しょうでんさんそう》は、広大な書院式の茶室である。大正七年（一九一八）より建築をはじめ、昭和五年（一九三〇）に新築落成の席開きが行なわれた。大書院、中書院、東書院、西書院などがその中央部を形成し、そのほか草庵や離れを含めて十数室の茶室から成る。この建築の特徴は、方円の茶室と呼ばれる点にある。つまり茶室の各部および庭園が四角形と円形で構成されていることである。円筒ヴォールト屋根（半円状の起り屋根）の玄関や交差円筒ヴォールトの楼建築、各所に配された円形の窓、宝形《ほうぎょう》屋根、さらに書院の天井には四角形と円形の意匠が施されている。高谷宗範は、茶道の基礎は

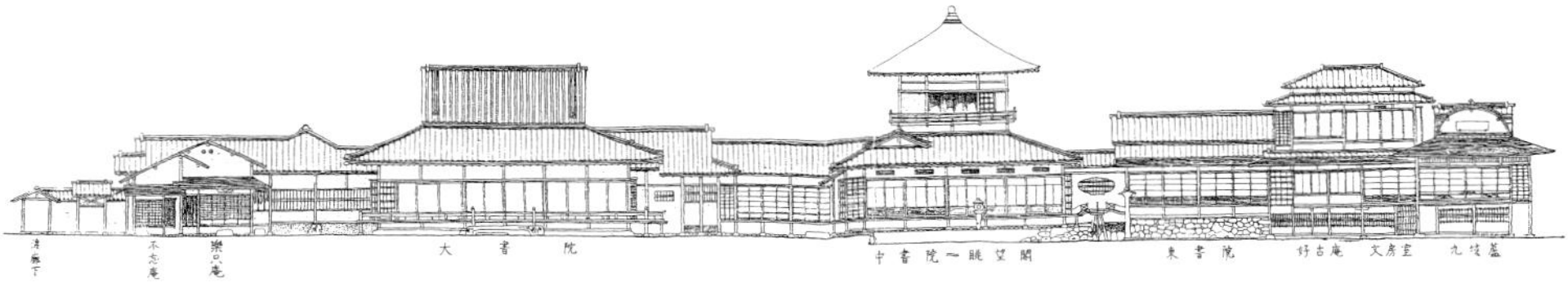

松殿山荘の立面図（『数寄屋聚成』12巻　北屋春道編より）

国民道徳にあると主張し、それは神道を中心に、儒学や仏教が深く関与していると説く。この点で同時代の財界の茶人達とは一線を画す立場にあった。同時に西洋への関心も非常に高く、その長所は取り入れるべき、との考えを持っていた。そして茶室において新しい時代への対応として、採光や換気、照明器具の導入などの具体的な提案を行う。それら総合的な思想が形として現れたもの、それがこの松殿山荘である。

松殿山荘は日本の近代建築をたどる上で非常に重要な位置を占めている。しかしそこにみられる幾何学の形や思考の基礎は、すでに茶の建築が有していたものである。そしてその潜在的な伝統がもとになり、西洋あるいは近代的思考が加味されたものと理解される。ここに茶の建築は伝承され、そして新しい展開が示されたのであった。

前衛と伝統

◆アヴァンギャルドと日本

二十世紀初頭、アヴァンギャルド（前衛派）たちがこぞって、新しい文化・芸術の創造に躍起《やっき》になっていた。市民革命や産業革命に端を発する社会の変化が、この頃には広く行き渡るようになり、それに伴い、文化・芸術の新たな展開が強く叫ばれた時代であった。建築もまた然りである。未来都市を描いたイタリア未来派、アクロバティックに飛翔感溢《あふ》れる組み立てのロシア構成主義、あるいは面と線により形を抽象化していくデ・ステイルなど、ヨーロッパを中心に幾つもの同志たちが、過激で新たな形態を発信していた。しかしそれらの運動はやがて終焉を迎えることになるが、彼らによって刺激を与えられた建築の主流は確実に変貌を遂げ、モダニズム建築という大きな流れとして、二十世紀の世界に君臨することになった。

日本においても、その波は確実に打ち寄せてきた。大正時代から昭和初頭にかけて、大きな変革が行われてきた。ただ日本の場合、少し違った観点が存在することに注目しなければならない。つまりそこには、伝統という要素が組み込まれる場合があったということである。西洋の新しい感性に、ある種の日本の伝統がうまく合致していたのである。例えば十九世紀末のヨーロッパでは浮世絵が注目され、当時の新しい芸術に影響を与えることになった。建築ではとりわけ数寄屋建築が注目を浴びた。基本的な組み立てとしての簡潔さ、そして数々の細部意匠に近代との共通項がみいだされた。それらが直接あるいは間接的に、新時代に投影されることも少なくなかった。

重森三玲《みれい》は、それら新しい動きを察し、日本伝統の庭園あるいは茶室に新しい動きを組み込もうとするのであった。

◆重森邸 無字庵

京都、吉田神社の門前に重森邸はある。このあたりは吉田神社の社家の家並みが並ぶ地域で、その一つ、鈴鹿邸を昭和十七年（一九四二）に入手したものであった。大きく本宅部分と書院部分の二棟から成り、十五畳の広さを持つ書院は、寛政元年（一七八九）に建てられたと伝えられている。そこは三玲《みれい》によって後に手が加えられており、炉が切られ、広間の茶座敷として機能するものとなっている。しかし上部の小壁と天井の組み立てによって、上段と下段に分けられており、社家の面影も伝えている。

無字庵床の間
無字庵の名は「無字」の公案に由来するもの。床柱、床框、中柱、注目される部分にあえて古材を使用している。点前座の袖壁は下地窓として大きく斜めに切り取られている。

書院の北側に茶室無字庵《むじあん》がある。三玲によって昭和二十八年（一九五三）に建てられたもので、三畳大目《だいめ》の平面である。まず苆《すさ》を大胆に散らした土壁に圧倒される。自ら鏝を取って職人を指導したものという。床の間は床柱、床框を古材で組み立てている。通常古材の使用は、寺院などの由緒あるものを使用することが多いのであるが、これらは特に伝えがあるものではない。あえて意識の集まるところを簡素に表現したのは、近代の建築家の作風にも通じるものである。点前座《てまえざ》は大目《だいめ》構えである。しかし中柱が古材であること、袖壁が床まで達し、斜めに大きな下地窓を開けている点など、これまでになかった斬新な形態となる。下地窓によって、上座側から点前座への視界が確保されている。上座側に建てられた襖には市松模様が斜めに張られ、大きなカーブの欄間は櫛形に表現されている。斜めの形態は桂離宮の笑意軒の腰壁などがそのヒントになっているだろうし、市松模様は桂

無字庵貴人口
床の間周辺の厳しさに比べ、明障子の明るさ、曲線の欄間など、やわらかな印象である。

離宮松琴亭にみられる意匠である。伝統的意匠を巧みに組み込んでいる。下座には障子が二枚建てられ、外に縁側が取り付く。貴人口あるいは給仕口として使用したのであろう。障子は腰板のないもので、桟の割付が正方形に近く、やや縦長の近代的な意匠である。上部の欄間はいびつな半円と四分の一円の下地窓で組み立てられている。また天井は上座側が網代《あじろ》の平天井、下座側が化粧屋根裏天井、そして点前座が菰を張った落天井という構成である。

◆好刻庵

無字庵《むじあん》の東に、昭和四十四年（一九六九）、好刻庵《こうこくあん》が作られた。十畳と八畳の座敷から成る。主室の十畳には一間の床の間があり、床脇は違棚、袋戸棚、火灯窓がセットされ、二段の上段を構える、という非常に特殊な形式である。また床の間および床脇ともに大平壁（床正面の壁）に窓が開けられ、障子がはめ

好刻庵
好刻庵の名は重森が「日々是好日」を言い換え「刻々是好刻」としたところからきたという。市松模様や波形は伝統であり、かつ前衛でもある。重森の得意とする意匠である。

込まれている。通常では光線が逆になるので避けられる手法であるが、三玲は意図的に組み込んだのであろう。意匠的なおもしろさとともに、逆行の妙味をここに表現したと思われる。

そして圧巻は北側の襖で、青と銀の市松模様が波形に大胆にあしらわれている。市松模様は桂離宮松琴亭を、そして大胆な波形は葛飾北斎の浮世絵などを連想させるものである。いずれも三玲の得意とする伝統意匠の応用である。また長押《なげし》の釘隠は三玲自身が絵付けをしたもので、清水焼で焼かせたものであった。

重森三玲は、常に創造性を求め、また創作することが後には伝統へと繋がると考えていた。逆に定着した伝統を否定してきた。まさにこの思考は近代における重要な視点であった。近代社会、あるいは近代建築・近代造形は、常に走り続けること、つまり常に新しさが求められていた。そして三玲は伝統文化としての庭園、茶の湯そして茶室にこの思考を応用してきた。伝統的形態をベースにしつつも、そこに斬新さを組み込んできた。さらにこの斬新な意匠は、日本の伝統が元になっている。これは、日本の伝統意匠が抽象的で近代的な側面をもっていた、ということを三玲自身が把握し、それを巧みに組み替えた結果なのである。

第五章　建築家と茶室・数寄屋

武田五一と藤井厚二

◆武田五一と茶室建築

千利休の理想を、これからの建築に応用する。武田五一が著した『茶室建築』にはそのような姿勢がうかがえる。明治三十年（一八九七）、帝国大学の卒業論文としてまとめられたこの論文には、強く『南方録』の影響が認められるものであった。『南方録』は、現在の研究では、その発見者とされる立花実山によって利休百回忌、すなわち元禄の頃に編集され、成立したものと考えられている。しかし武田の頃は、南坊宗啓が師千利休の茶の湯をまとめた秘伝書、との伝えがそのまま信じられたものである。その理想が、ここに投影されているのである。

さて、この武田は、若き日に茶室研究をおこなったが、実際の茶室の設計は、さほど積極的に行ったとはいえないのである。じつは武田は千利休に仮託し、自由な建築のあり方を、この論文に示したのであった。茶室の設計というより、千利休の茶室のエッセンスを、これからの建築に生かそうと考えたのであった。その当時の建築界の状況は、様式主義、あるいは歴史主義などといい、過去の建築様式を理解し、それをどのように引用するか、ということが大きな問題であった。そこにもっと自由なデザインを持ち込もうとしたのが武田五一であった。あるいは装飾のありかたを見直そうとしたのが武田五一であった。

武田は卒業論文のあと、さらにこの論文を『建築雑誌』上に発表する。学会誌によって広く専門家たちに、自らの考えを主張したのであった。じつは、そのなかでも武田の特に主張したい部分には、彼自身が傍点を打ち、強調していたのである。

そこで武田は、利休の自由な造形を強調する。利休の茶室に対して「一定の規矩準縄《きくじゅんじょう》を定めず」「意思の自由を以て芸術の妙致《みょうち》を得ん」などと述べる。あるいは意図的な巧みではなく簡素な表現、左右非相称、などというところを強調する。そして利休のあとの時代の茶室を、ただそれをまねるばかりである、とも批判する。

武田は、利休の理想をみてしまったのである。それゆえ、のちの時代を低くみて、また自らにおいても、それを超える茶室を設計し得ないと感じたのであろう。むしろ新しい時代を予感させるそれ以外の建築に、その理想を組み込んだのであろう。茶室の流れは後輩たちに受け継がれるのであった。

◆藤井厚二の和風

藤井厚二は武田の後輩であった。同じ福山出身で、東京帝国大学を出て、京都帝国大学の教授となった人物である。

藤井厚二は、日本の住宅作家の草分けの一人、あるいは建築環境学の祖とも呼ばれ、そして住宅を科学的にとらえるため、自らの家を実験住宅として五回も建てた人物であった。ずいぶん固いイメージでとらえられることもあるが、必ずしもそういった面だけで語られるものではない。その代表的な著書『日本の住宅』（岩波書店、一九二八）の序文に以下の文章が記されている。

「嘗《かつ》て我国を旅行して居る時に、同じ旅する其の地に不案内な人々から色々の質問を受けて、私の答が、自分より旅馴れぬ人々の為めに役立ったかと思えば、非常に愉快でした。そんな場合には後で常に私の語　ったことが、迂遠《うえん》の点はなかったか迷惑をかけはしなかったかと心配し、もっと良い答をすればよかったと後悔し、其の人々が気持よく旅行を続けて居るか否かを案じます。……」

藤井の実直な人柄を垣間みるようで、じつに微笑ましい状景が浮かんでくる。そして住宅を建てることを旅になぞらえ、この本がその案内役になると記すのであった。ちなみに代表作聴竹居《ちょうちくきょ》（一九二八）は、ここには「最近の旅行」として表されている。

藤井厚二の自邸、最初のものは従来からの和風住宅としてつくられた。しかしその後の住宅において、科学者の眼でとらえた和風が試みられることになる。その完成が第五回目の住宅、つまり、聴竹居であった。この場合でも、藤井の作品はその基本を和風においている。その時まとめられた『日本の住宅』では、和風住宅と洋風住宅について解説しているところがある。結論をいうなら、日本においては、その人情・風俗・習慣および気候風土の点から和風を採用すべきで、安易な洋風の模倣は戒められるべきものと語られる。その上で新しい生活に適合すべく、日本特有のものを見出すべきだと主張する。またこれからは日本特有の建築が、住宅様式において表現されるべき時代ではないかとも述べる。つまり和風に洋風を加える、または折衷するという安易な取り組みではなく、和風を科学的に分析し、新たな和風を創造する、という態度である。それは「今の世に千利休を再生せしむれば進歩せる科学を応用して単に茶室のみならず、現代に適合したる生活を吾々にしめすならむとの嘆《たん》があります」との言葉からもうかがうことができる。武田五一の影響が垣間みられる。

さて、藤井の目指した和風とはいったいどのようなものであろうか。藤井はいくつか日本建築の特色をあげるが、なかでも西洋の建築に比べて日本建築が大きく勝るものとして、室内においては区画した凹凸による変化をみせる、という考え方がある。つまりそれは床の間や床脇、そして茶室建築における天井の高低や傾斜および釣壁や袖壁から来る手法である。それを存分に組み込んだ住宅に聴竹居がある。

◆聴竹居

五つ目の実験住宅、聴竹居《ちょうちくきょ》をみてみよう。先ほど藤井はその基本を和風においていると記したのであるが、さっそく注釈を加えねばならない。それはこの聴竹居には畳敷きの占める割合が極めて少ないのであ

聴竹居　食事室より居室をみる。空間の貫入がみられる。

る。藤井は腰掛式と座式について考察を行っているのであるが、それまでの一般の住宅におけるようにそれらが区分されるべきものではなく、一室内に両方の設備が組み合わされることを主張している。藤井は、とりあえず腰掛式が洋風、座式が和風、という定義付けを行ってはいるが、同時に日本人の生活が従来の座式によるものから腰掛式によるものへと変化していることを説いている。変化しつつある日本人の生活において、従来のとらえかたではない新たな見知による対応を模索するのであった。そして臆することなく、「和室」に腰掛式スタイルを持ち込むのである。

よく知られた聴竹居の居間（居室）は、基本的には腰掛式によるものであるが、床のレベルを上げた畳敷き部分がそれに取り付いている。また食事室も居間に対して僅かに床レベルを上げ、隅部分が居室に貫入するという構成をとる。これが先に挙げた

聴竹居　客室の床の間
腰掛式の和室である。床の間が工夫されている。

日本建築の得意とする手法である。日本の伝統的なデザインである色紙散らしの構成を平面に応用したもの、とみることもできよう。またその境には円弧を利用した出入り口が設けられる。茶室の火灯口を思わせる構成である。茶室は水屋の空間に貫入するような平面を採ることもある。例えば複数の茶室が組み合わされる場合、その間に位置する水屋あるいは板間がその凹凸を吸収する役割を担うことがあり、その時水屋あるいは板間からは茶室がその空間に貫入しているようにみえるものである。

次に客室であるが、ここもまた腰掛式の「和室」である。天井は網代《あじろ》を組んでおり、正面の床の間は椅子からの鑑賞を考慮し、地板のレベルを上げたものとなっており、居間と一体化された場合の使用を考え、その幅を三メートルとやや大きめに設けている。床柱は竹、地板は上面が赤春慶《しゅんけい》で正面見付けが蝋色《ろいろ》黒漆の艶消《つやけし》である。さらに地袋や戸棚と共に腰掛も造付で組み込まれている。

さて、聴竹居には、母屋の北側に閑室《かんしつ》と呼ばれる茶の湯をも考慮した離れがある。茶の湯を考慮とは書いたが、藤井の言葉によると「茶道の古い伝統に拘泥しないで、囚《とら》われない和敬清寂を楽しむ室」ということである。ここも基本的には腰掛式の「和室」である。下段の間と称する板敷の間を中央に配し、北側には上段の間と称する畳敷きが取り付く構成となっている。畳敷きの正面奥には床の間が設けられる。また下段の間のおよそ南半分の天井が化粧屋根裏天井となっている。なかでも注目されるのは垂木《たるき》と木舞《こまい》がほぼ同寸の竹で組まれていることで、また木舞《こまい》竹は本数を変化させ、従来の化粧屋根裏天井にはなかった新たな印象を与えている。

藤井厚二は科学者の眼で和風をとらえようとしたのであるが、その眼はどうしても藤井個人の眼であり、必ずしも広く一般的には理解されにくい面もあるかもしれない。しかし藤井の和風への取り組みは、当時の世界の建築の傾向である抽象化とも符合する。合理的に和風建築をとらえ、そして各々の要素を抽象化して再構築してゆくのである。残念ながら藤井のこの大胆な取り組みは、支持され広く応用されることがなかった。藤井が従来の和風建築を合理的に再構築しようと試みたのに対して、日本の建築界においては、和風建築（数寄屋建築）がそもそも合理的である、という思潮が徐々に浸透しはじめるのであった。

ブルーノ・タウトと桂離宮

◆近代の桂離宮

昭和八年（一九三三）五月四日、桂離宮は、その日五十三回目の誕生日を迎えた建築家ブルーノ・タウト一行に開放された。これは日本インターナショナル建築会の会長上野伊三郎が、来日二日目のタウトにプレゼントした見学会であった。タウトはドイツの建築家、ナチスに追われて、シベリア鉄道を経由し、船で日本海を渡り、敦賀に上陸し、京都にやってきたのである。その後昭和十一年（一九三六）十月まで、三年あまりの日本滞在であった。

近代において、桂離宮には大きく二度の転機が訪れる。一つは明治時代、一つはこのブルーノ・タウトの来日であった。

明治以前の桂離宮は、所有者である宮家の私的な空間であって、ほとんどの一般の人々にとって、その姿は知るよしもなかった。このような建築は、宗教建築や公共建築と違い、おもてに現れることはほとんどなかったのである。創設は八条宮家、その後京極宮家、そして桂宮家と変遷するが、明治十四年（一八八一）、桂宮家が断絶してしまい、そのあと、維持は宮内省に任されることになった。ここに桂離宮が公の性格を担うようになった。しかしもう少し正確にいうと、宮家の所持であったときから、公のものとしての性格を担わされてきた。その最初の大きな仕事は、明治十一年（一八七八）の京都博覧会であった。京都御所と共に桂離宮が博覧会の期間中一般に公開されたのである。このときから桂離宮の様相は一変した。その後数年にわたり、博覧会時に公開され、多くの市民たちがここを訪れ、その庭園あるいは建築のすばらしさが一躍世に知られるところとなった。やがて文化人たちにも賞賛されるようになった。たとえば美術学校の教授をつとめた国史・国文学者の小杉榲邨《すぎむら》は、明治三十六年（一九〇三）、『好古類纂《こうこるいさん》』に桂離宮を紹介している。岡倉天心は、明治三十九年（一九〇六）の"The Book of Tea"（茶の本）の中で、小堀遠州がつくった（現在の研究では遠州の関与は否定されているが）優れたものとして、桂離宮をあげている。

そして昭和の頃になると、建築家たちによる注目度が高まった。堀口捨己《すてみ》は早くから松琴亭の茶室に注目していた。その後近代建築を切り開いた人々によって、桂離宮の評価が高まってきた。ちょうどそのとき訪れたのが、ブルーノ・タウトであった。

ブルーノ・タウトによって「再発見」されたとき、桂離宮の再びの転機であった。誤解のないようにいってておくと、すでに述べてきたように桂離宮はこのときまでにもよく知られた存在であった。だからこそ上野らが来日間もないタウトを誘ったのである。しかしそれまでの一般の認識を超える事態がこのタウト来訪によって引き起こされたのであった。つまりそれは彼の言動、そして著作によるものである。来日直後から彼の講演や著作が建築の雑誌上に掲載された。そして昭和十四年（一九三九）、篠田英雄の訳による『日本美の再発見』が岩波新書より刊行され、育成社により昭和十七年（一九四二）に『タウト全集』の第一巻にやはり篠田訳による『桂離宮』が上梓されるや、その人気は絶頂に達するのであった。

◆ブルーノ・タウトの視点

ブルーノ・タウトは表現主義の建築家として知られている。厳密にいうならば、のちのモダニズムとは一線を画すものである。表現主義は一九一〇～二〇年代頃に、主にドイツやオランダにおいて流行した様式で、彫塑的や象徴的な形態の建築である。それに対し、モダニズムは単純な箱形の建築であって、基本的には両者は別物である。しかし近代建築の大きな流れからみれば、表現主義もモダニズムへ向かう過渡期の一様式であり、タウトも後年はモダニズム的な思考を持つようになった。

このとき桂離宮は表現主義的なものとして、そしてモダニズム的なものとして、そして広く近代的なものとして理解された。一般的なみかたとしては、明治頃の桂離宮に対する注目は、たとえば新御殿の桂棚にみられるような、技巧的な装飾やあるいはそこに使用されている銘木のたぐいであった。注目される場所が、時代によって、考え方によって変化するのである。タウトの来日より、表現主義的なものあるいはモダニズム的なものが混乱して注目された。象徴性や中心性あるいは左右対称を嫌う御殿群の構成、古書院からの月見台を経ての大きな眺め、これらはモダニズムの系譜、松琴亭の加賀奉書の市松模様、あるい

桂離宮　古書院月見台　建物の内と外がみごとに連続する。

桂離宮　松琴亭内部　市松模様が目をひく。質素な造形に組み込まれた大胆な意匠である。

は笑意軒の金箔とビロードの腰貼は表現主義の系譜で、それぞれ理解されるものである。

◆ブルーノ・タウトと桂離宮の評価

タウトの著作が邦訳されたのち、桂離宮の評価が絶頂に達したことは先に述べた。その後も、堀口捨己など、多くのモダニズムを標榜する建築家によって注目され、それらの作品に応用されてきた。特に昭和五十一年（一九七六）からの昭和の大修理（御殿一九七六〜一九八二、茶室等一九八五〜一九九一）によって、桂離宮のさまざまな魅力が語られるようになった。

ここで後年、タウトおよび桂離宮について評した、ひとつの文献に触れておきたい。桂離宮の評価が高まっていくようすを、井上章一は『つくられた桂離宮神話』（一九八六、弘文堂）のなかで豊富なデータをもとに詳述している。曰く、桂離宮の評価はタウト以前には低く、当時の日本人モダニストたちによって外国の建築家タウトが担ぎ上げられ、その文章によって、注目度が高まっていった。曰く、それによってタウト自身の考えとは違った評価が巷《ちまた》に広がった。など、ブルーノ・タウトを中心に据え、桂離宮の評価をまとめたものである。

そしてこの書がこれほどまでに注目を浴びたのは、やはり多くの人々がそれまで絶対的なものとして信じていた桂離宮を、否定的な観点で描いたことであろう。しかし、きわめて実証的にデータを展開しているが、それを物語るとき、個人あるいは時代の精神が影響していることは否めない。その結果、否定的な主張が行間からにじみでている。個人の考えはもちろん分かるはずもないが、この時代の精神として、ゆき過ぎた、ともみられるモダニズムを否定し、新たな時代の枠組みを作り上げようとしていた考え、そのような時代背景が大きく影響していたとみられる。モダニズム建築そのもの、あるいはそれに関わることがらの否定、あるいは見直しが、なされようとしていた時代であった。近代の日本建築に多大なる影響を与え続けた桂離宮が、このとき一部のオピニオンリーダーたちによって否定的にみられたのは、ある意味しかるべきものともみられる。逆に強く主張されるほど、近代において大きな影響力を持った建築なのであったということが、再認識させられるのである。

ちなみにモダニズムの否定は、およそ一九六〇年代頃からその萌芽がみられ、七〇年代にはいると、ポスト・モダンなどという言葉が飛び出すようになるほど大きなものとなり、八〇年代にはいわゆるバブル時代と相まって、モダニズムの持つ簡潔な美意識が攻撃され、逆にそれまで否定的に扱われていた豊潤な装飾が施されたものに注目が集まる時代となった。モダニズムへの否定はこのころが頂点であったのかも知れない。九〇年代以降は、バブルの余韻に浸るもの、二重否定で再びモダニズムに帰る動きや、あるいはさらなる展開の模索など、混沌としたものとして把握されよう。もっともあと十年もすれば、さらに明快に評されるかも知れないが。

ともあれ、モダニズム否定の時代に、時同じくして桂離宮が否定的に扱われたのは、興味深いじじつであった。それだけ近代における桂離宮評価が高く、多くの日本の近代建築に直接あるいは間接的に影響を与えたものだということであり、その点からも近代建築を論ずる場合、桂は避けて通れない存在となっていたのである。

堀口捨己

◆数寄屋の再発見

我々は起《た》つ。

過去建築圏より分離し、総ての建築をして真に意義あらしめる新建築圏を創造せんがために。

我々は起《た》つ。

過去建築圏内に眠って居る総てのものを目覚めさんために溺《おぼ》れつつある総てのものを救はんがために。

我々は起《た》つ。

我々の此理想の実現のためには我々の総てのものを悦びの中に献げ、倒るるまで、死にまでを期して。

我々一同、右を世界に向って宣言する。

分離派建築会

あまりにも有名な分離派建築会の宣言文である。大正九年（一九二〇）二月一日、東京帝国大学の卒業を控えた石本喜久治、瀧澤真弓《すてみ》、堀口捨己、森田慶一、矢田茂、山田守の六名は、学生集会所において習作展を行う。その年の七月、日本橋の白木屋を会場とし、作品展を行った。会場には伊東忠太《ちゅうた》、塚本靖、岡田信一郎、岩元録等の建築家の他、芥川龍之介、高村光太郎、岩波茂雄等が訪れたという。

それではこの分離派建築会は、日本近代の建築においていかなる意味を持つのであろうか。まず宣言文がしめすように歴史主義の否定で、「過去建築圏」より分離するということが最も重要な部分である。しかしそれは何も彼らに始まったことではない。明治三十年代の武田五一にその萌芽がみられるし、野田俊彦は、大正四年（一九一五）に「建築非芸術論」を発表する。また分離派建築会結成の一年前の大正八年（一九一九）、村野藤吾《とうご》は「様式の上にあれ」を発表する。しかし彼らが日本ではじめての建築運動のグループを作り、その主張をアピールした、ということに注目せねばならない。その影響ともいえようか、その後幾つものグループの結成がみられる。山口文象等による大正十二年（一九二三）の創宇社《そううしゃ》、昭和二年（一九二七）の本野精吾《せいご》、上野伊三郎等によるインターナショナル建築会などである。その結果、この時期に日本のモダンデザインは大きく飛躍を遂げるのであった。

さらに「過去建築圏」と、もう一ヶ所記されていることに注目したい。それは「過去建築圏」内に眠っている総てのものを目覚めさせ、溺《おぼ》れつつある総てのものを救う、ということである。先ほどの記述とは、ずいぶん矛盾することをいっているようにも思えるが、つまりこれは歴史の読み方の転換を示しているのである。別の視点より歴史をみようというこの主張は、西洋からもたらされた歴史主義の様式建築の否定はもちろんであるが、近代日本の伝統の系譜において、歴史主義的に扱われてきた寺院建築の様式の否定でもあった。日本建築史の創立者として位置づけられる伊東忠太《ちゅうた》は、その建築進化論において寺院建築の新たな展開を模索しており、またその頃においては日本建築がその流れの中で理解されるのが一般的であった。つまり堀口にとっての転換とは、その寺院建築を中心とした日本建築の系譜からの転換なのである。

その後堀口は、ヨーロッパを旅する。このときパルテノンに日本人を寄せ付けないものを感じ、当時オランダで流行っていた、いわゆるアムステルダム派の建築に心惹かれるのであった。

アムステルダム派の建築は、茅葺屋根をもち、農村にある建築を理想とした形態に、近代性をもたせたものである。帰国後、それを『現代オランダ建築』としてまとめる。その後、大正十四年（一九二五）に小出邸、大正十五年（一九二六）に紫烟荘《しえんそう》、昭和二年（一九二七）に双鐘居《そうしょうきょ》、と次々に住宅建築を発表している。オランダでみた建築の理想を、堀口なりにまとめた秀作であった。

『紫烟荘図集』（洪洋社、一九二七）に掲載の「建築の非都市的なものについて」では、都市ではなく、非都市においてこそ本来の生活を満たすべき家が作られ、そしてそれは当時のオランダにおける最新の住宅に、それらが応用されていると記し、その一つとしてメールウク園の住宅を挙げている。また非都市的なる建築は、日本においては非常に優れた徹底した伝統を作り上げていると説く。その最も注目されるものは数寄屋で、妙喜庵待庵《みょうきあんたいあん》、桂離宮の八窓席（松琴亭）にそれをみる。この時期、堀口は後の時代に比べまだ十分な日本建築の歴史の認識を持っていたとはいえないが、少なくとも後の茶室研究に至る萌芽がここにみられるのである。それは分離派建築会宣言における歴史の読み方の転換であり、眠っているかあるいは溺《おぼ》れつつあり救うべきもの、それが数寄屋建築なのであった。

堀口捨己は後に千利休をはじめ茶室研究に没頭するのであるが、それは主に華道去風流《きよふうりゆう》家元、西川一草亭《いっそうてい》との出合いによるものと説明されてきた（一九三〇年頃か）。事実、茶の湯に関する著述はその後から増加する。しかしその契機は、それ以前からみられるものであった。一般にその頃までの建築家による日本伝統への注目は主に寺院建築で、茶室が着目されることは稀であった。そして堀口はモダニズムの時代の建築として、茶室をみたのであった。

その後、堀口は利休三百五十年忌（一九四〇）に際して、次のような言葉を記している。

「今ここに現代建築の立場で利休の茶室をとり上げる」

◆八勝館 御幸の間

八事八勝館《はっしょうかん》は名古屋を代表するする料亭で、建物は明治期に材木商が別荘として建てた屋敷を元にしている。昭和二十五年（一九五〇）、名古屋で国体が開催されるに際して、この八勝館が天皇・皇后の御宿泊所に当てられ、そのために計画された部屋が御幸《みゆき》の間《ま》である。堀口には、この工事がある程度進んだ状態で、依頼がまわってきたという。しかしここには途中からとは思えないほど、堀口のオリジナリティが発揮されている。

御幸の間は主室と次の間と入側から成っている。主室は十五畳敷の座敷に一畳の点前座《てまえざ》が取り付き、床脇を一体化した床の間と付書院が設けられる。十畳の次の間との境に立てられているのは、截金《きりがね》の摺箔裂地《すりはくきれじ》の襖である。当初は横山大観によって襖絵が描かれる予定であったというが、堀口がそれを拒否し、江戸時代に東南アジアから輸入された裂地を帯状に切り取って貼り合わせて、遠山模様に仕立てたも

八勝館　御幸の間・床側
床の間、床脇、付書院の組み立てが斬新である。

八勝館　御幸の間
次の間との境に立てられている截金摺箔裂地の襖。

のであった。

北山の小丸太の竿縁《さおぶち》を卍字状に組み合わせた天井の意匠は、三溪園《さんけい》の臨春閣などに由来するもので、その中央には照明を組み込んでいる。また欄間の障子が天井廻縁まで達しているのは桂離宮古書院などにみられる手法である。いずれも古典的な意匠ではあるが、近代の目にも十分新しさを感じさせるものとなっている。

入側から月見台にかけての構成も面白い。建物の内部と外部を緩やかに繋いでいる。これも桂離宮古書院などにみられる手法であり、また近代においても注目された組み立てである。ただし実用面を考慮したため、屋根が掛けられ、手摺が設けられるなど、桂離宮に比べ内外の隔たりがやや大きい。

注目したいのは床の間を中心とした次の点である。床の間は四間の間口を持つが、向かって右には地袋と天袋が備わった床脇部分が組み込まれており、また左の付書院までを一体化している。ここでは床柱の概念はもはや存在しない。またやはり一体化された点前座と付書院の空間が、この床の間空間に直交する。柱と袖壁、落掛《おとしがけ》と小壁によって見事なまでに立体的な空間構成を形成している。ここでは各部がその範を古典に求めるものとなっているが、それが組み合わされ表現されたものは、全く近代的な感覚である。

翌年、この建物は建築学会賞（作品賞）を受賞する。数寄屋が現代のものとして建築界に認められた瞬間であった。

◆清恵庵

堀口捨己の晩年の作品として、昭和四十八年（一九七三）の清恵庵《せいけいあん》がある。リコー創業者の市村清の遺志により、寄贈されたものである。これは佐賀県の社会教育施設として計画されたもので、茶の湯のほか書画や俳句の会など、多目的な使用を考慮した施設である。

清恵庵　広間床の間側
天井の照明、そして広い間口の床の間と付書院の構成は堀口の得意とするところである。

佐賀城の堀に面して、この建物は配置されている。堀の石垣に階段が付けられ、舟入の形式としている。もっとも現在では、堀の全面が蓮で覆われており、船遊びをする状況にはないが、自然と人工、特にここでは水と建物の関わり、という近代数寄屋の特色がよく現れている部分でもある。建物のみならず周囲の露地も堀口の設計である。

建物は広座敷の七畳半、小座敷《こざしき》の四畳半、台所、寄付および腰掛などからなる。七畳半の座敷は通常、この建物の主室として使用される場所である。一間半ほどの大きな床の間を備え、琵琶床および付書院が矩折《かねおり》に取り付く。天井は、竿縁《さおぶち》の平天井、網代《あじろ》天井、化粧屋根裏天井と組み立てられ、堀口の古典をもとにしたこれまで試みを、遺憾なく発揮したものである。照明は平天井と化粧屋根裏天井の取り合い部分に設けられ、小壁に障子がはめ込まれ、平天井の一部が木製のルーバーとなっている。また入側との境には明障子《あかりしょうじ》が建ち、欄間にも鴨居《かもい》から桁に至る高さの障子が建て込まれている。そして障子を開け放つと、入側を通して堀の眺めが大きく広がる。

この七畳半は、茶の湯を行う場合、水屋として機能するように仕掛けられている。一枚の大きな襖を開けると、そこに水屋が設えられているのである。水屋流しと棚が組み込まれている。そして一畳の勝手を隔てて四畳半の茶室に繋がる。

七畳半が開放的な座敷であるのに対して、四畳半は閉鎖的である。茶の空間としてのありようを考慮したものであろう。炉、床の間、茶道口あるいは躙口《にじりぐち》の位置など、平面の形式はおよそ又隠を踏襲し、主な部分の寸法など、オーソドックスに組み立てられている。しかし各部における近代的な嗜好および手法を見逃してはならない。床の間は踏込床の形式で、松の杢板《もくいた》を敷き込み、壁の入隅部分は塗り回しである。天井は平天井と化粧屋根裏天井からなるが、通常の組み立てに比べて、化粧屋根裏部分が大きくなっている。これはその取り合いの部分に照明器具を組み込んでおり、照明がほぼ中央に位置するように工夫されたものである。躙口は通常の板戸に加え、内側に障子が組み込まれている。床脇の壁、つまり風炉先《ふろさき》にも、引き違いの掃き出し形式の障子が設けられている。それぞれ近代に好まれた手法によって、閉鎖的な空間を明るく表現しているのである。

清恵庵　四畳半床の間側
風炉先の掃出窓や天井の掛込天井の小壁部分の照明器具など、近代的な仕立てとなっている。やや鶯色がかった壁は堀口の特色である。

昭和時代、茶室あるいは数寄屋は、その時代の先端のものとして扱われるようになった。それは茶室の本質的なものが、モダニズムとして受け入れられたことと、近代の建築家たちが、その性格をさらに先鋭化したためである。このような成り行きと努力によって、近代における茶室の確たる地位が築き上げられたのである。しかし一方、このことは、茶室が持つ性質のうち、近代的でない部分が結果として消し去られてきた、というじつと表裏を成すものであったことを忘れてはならない。

吉田五十八

◆吉田五十八の数寄屋

近代に生きる建築家は、近代的に建築を創作しなければならない、といういわば業のようなものを背負って創作していた。しかしながら同時に、場合によっては相反することだけれども、日本というものをどうとらえるか、ということも大きな課題であった。近代的で日本的、矛盾とも思える作業に、多くの建築家が携わるのであった。その手法に、それぞれの立場や考え方が現れるのである。

その中にあって、吉田五十八《いそや》は独特である。吉田は若き日に、当時注目を浴びていたオランダやドイツの新しい建築にあこがれていた。しかし渡欧して、吉田が実際にみたそれらの新建築は、彼にとっては安っぽさが目につくものであった。逆にそこでみたルネサンス建築やゴシックの教会堂に圧倒される。それらは、それぞれの国における伝統の力強さ、というものを改めて彼に思い知らせるものであった。

吉田五十八はストレートに表現する。「日本人は、日本建築によって、西欧の名作と対決すべきだ。また、立派に対抗できる」といい放つ。その方法として、今までの伝統日本建築に近代性を与えることによって、新しい感覚の日本建築が生まれる、と語る。それがうまく成功するならば、逆に西洋人が模倣する、といった構想まで持っていた。

数寄屋は、近代日本における日本建築として、中心的な役割を果たした建築とみてもさしつかえないだろう。近代において数寄屋に取り組んだ建築家は多い。なかでも、一般への影響をいうことを考えれば、吉田五十八が筆頭とされよう。吉田の作品は吉田流あるいは吉田くずしなどともいわれ、贋作《がんさく》が出回るほどの人気であった。

数寄屋とは通常、茶室あるいは茶室の影響を受けた建築を指す言葉である。しかしそのもとになった数寄とは、茶の湯や和歌などを指す言葉で、風流なものをいい表している。その意味で、数寄屋とは茶の影響だけに限るものではない。しかしながら茶室は、数寄的な考え方を建築として具体化したものとして、その存在があまりにも大きいものである。またその住宅への影響も、計り知れぬほどの大きさがある。その結果、数寄屋といえば主に茶室を指す言葉として、あるいは茶の湯の影響を受けた建築物を指す言葉として、通用しているのである。

さてここで取り上げる吉田五十八についてみるならば、彼の作品は、新数寄屋などと呼ばれるのであるが、茶の湯の影響のみをもって、彼の作品を理解すべきではない、といわねばならない。つまり日本文化のさまざまなものが、吉田の数寄屋を支えていたのである。とりわけ寝殿造りの造形は、吉田に大きく影響を与えたという。それは京都御所、あるいは大和絵などからのイメージである。それが近代を生きた吉田の考える、日本を代表するイメージであった。

もちろん茶の湯の影響もある。吉田は抹茶趣味と煎茶趣味の比較において、抹茶趣味を大陸的影響がなく、日本特有のものであるととらえ、それを支持している。また民家についても注目している。

吉田は、中国や朝鮮をはじめとする外国文化の影響について、よく理解している。やがてそれらが日本化していったところに、彼は大きく注目するのである。吉田の作品において、明治以後日本に流入してきた西洋建築をいかに日本的に扱うか、というテーマも多い。外来の新規なものが、いかに変化していくか、あるいは意図的にくずしていくか、ということが吉田の考え方、そして作品に投影されていく。

吉田五十八は、日本建築の近代化を大いに進めた。しかしそこに現されたものは在来のものとは相反することなく、昔からそこにあったかの如く扱われており、さりげない表現となった。またそのさりげない表現のため、大壁の工法や木造建築の金属での補強など、構造と表現が別のものとして扱われ、それは建築アカデミズムにはなかなか受け容れられないという一面を持っていた。しかし国民と大多数の建築関係者によって彼の作品は支持された。それは吉田流、吉田くずし、などと呼ばれ、一つのスタイルを確立するに至るのであった。

◆北村邸

吉田五十八の作品のなかにあって、茶の湯を意識したものとして、この北村邸はある。数寄者である北村謹次郎が、東山の大文字を正面にみる、鴨川べりの景勝地に昭和十九年（一九四四）、数寄屋の名工、北村捨次郎《すてじろう》に住宅を造らせ、その後の昭和三十八年（一九六三）、吉田五十八が増築したものである。

北村捨次郎が造った部分は、寄付・立礼《りゅうれい》の棟、二畳大目《だいめ》の小座敷《こざしき》と八畳の広座敷などから成る棟と、それをつなぐ渡廊下で構成されている。小座敷西側は池に臨み、流れが組み込まれている。ここは、近代に特に好まれた水と建築とが関わる構成を、捨次郎独自の手法でまとめたものである。

吉田が増築した部分は、鉄筋コンクリート造で、既存の木造部分と接続されることを条件に造られたものである。

玄関はその接続部分である。ここで吉田は、木柄の太いものを用意して、民家調あるいは欧州の山荘風に組み立てている。既存の数寄屋と吉田流の新数寄屋の取り合いに、かえって違った雰囲気のものを配置することによって、両者を破綻《はたん》なく結びつけているのである。

和室部分は、五畳と大目《だいめ》二畳からなる仏間、それは茶室として機能するように炉が切られたものであり、それに八畳間が連続した座敷となっている。この部分が吉田流の数寄屋の真骨頂である。正面の床柱は控え目に配置され、床の間と床脇が連続する。南側の障子はあら組の障子で、床から天井に至る大きなもので、欄間や小壁は設けていない。この形式の障子は、今ではよくみかけるものであるが、はじめは吉田が

北村邸玄関
玄関は旧建物と繋がる部分である。木柄がやや太めで、民家調あるいは欧州の山荘風とも読めるデザインである。

北村邸和室
床柱は控え目に立てられ、建具は天井まで届く。伝統的要素が近代の手法で組み立てられている。廻らされた縁が開放感を与える。

北村邸洋室
和洋の融合は近代の大きな課題であった。ここでは和室と洋室が連続し、洋室内には床の間が設けられ、障子が建て込まれている。

デザインしたものである。また両室を仕切る襖は欄間を組み込んだような形をしており、これも床から天井までの大判で、さらには柱を工夫して、脇の壁に仕舞《しま》い込めるようになっている。部屋境を意識させないために、鴨居《かもい》も天井に組み込んだ溝として表現し、照明器具なども連続的に配されている。この和室の構成など、まさに二十世紀の建築の巨匠ミース・ファン・デル・ローエを彷彿とさせるものである。

座敷の北側には、居間兼食堂として使用された洋室がある。南側の和室との関わりに注目したい。吉田は大正十三年（一九二四）、すでにこの構想を持っており、婦人雑誌に投稿したものが、大きな反響を呼んだという。洋室の椅子と畳の上の人の視点の高さを考慮して、和室と洋室を一室に組んだものであった。また正面に床の間を配置して、日本的な中庭、あるいは大きく広がる庭園の景色を洋室に取り込んでいる。西洋の建築の系譜において、建築は自然から切り離されるもの、との意識があるが、ここではそれを覆している。その結果、日本的なものとしての印象を与えるデザインとなっている。

吉田五十八は数寄屋の概念をさらに拡げた。「くずす」ことにより新旧・和洋の境をまぎらかし、数寄的な近代建築を創り上げた。それは現代の誰がみても、従来から日本にあった形式のごとく、錯覚するほどである。吉田五十八の造形は、それほどまでに近代になじんだ、近代を代表するスタイルなのである。

谷口吉郎

◆心の伝承

「文明開化の新しい思想に燃え、外国の建築にも負けない立派な建築を作ろうとして、全く独創からこんな西洋館を作り上げた」(「シンケルの古典主義建築」、『ギリシアの文化』大澤築地書店、一九四二所収)、谷口吉郎は明治初期のいわゆる擬洋風《ぎようふう》建築に対してその拙さを認めつつも、その意義の大きさを主張するのであった。

昭和四十年（一九六五）、愛知県犬山市に博物館明治村が開園した。新しい時代に対応すべく奮闘した明治の工匠《こうしよう》達、この心のあり方に強い共感をしめす谷口に、旧制四高の同級生であった土川元夫（名古屋鉄道株式会社社長）が賛同し、設立に至ったのである。先ほどの文に先立ち昭和十五年（一九四〇）、鹿鳴館（一八八三）の最後について、「取りこわされたものは明治初期の廃残にも等しい老朽建築だった。それに関する思い出も今からみればあまりいいものでないかもしれない。しかしあの歴史的に意義のある建築を活用することは出来なかったろうか」また「明治時代に生まれた人たちが、自分の所持品を持ちよって、それを小博物館にすることはできなかったろうか。それこそいい明治の記念物になったらうに。明治時代の心から、次の時代に贈るいい贈物になったことを思ふ」（『東京日日新聞』、一九四〇・十一・八）と谷口は述べる。この頃から既に明治村へと続く構想を持っていたのである。一般に明治建築の文化財的価値が認められはじめたのは昭和四十年代頃からであることを考えると、じつに驚愕《きょうがく》させられるじじつである。開館当時から、滅びようとするものを集めることに対する異議が多く寄せられたという。しかし谷口はこの明治村に、研究や学習の対象物としての建築の保存、さらにその心を伝えるものとしての建築の保存を目指すのであった。ここに媒体としての建築の意義が生まれた。心の伝承である。

谷口の作品は、戦前はモダニズムの建築、戦後は和風を中心とした建築、と大雑把にとらえることができよう。しかしすでに多くの建築史家が指摘するように、和風といってもそれは近代建築家の眼でとらえた和風なのであった。それではその和風の意識には何が大きく作用したのであろうか。ここで重要なポイントとなるのが彼のドイツへの出張である。

そこで谷口の心を打ったのは、カール・フリードリッヒ・シンケルの作品との出会いであった。シンケルは十九世紀のドイツを代表する建築家で、近代主義全盛の時代にあって過去の様式を採用した作品を多く手がけた人物である。当初谷口は古代ギリシアに対して惹かれるものを感じていたのであるが、それを軽々に模倣する古典主義建築に対しては低くみていたのであった。それがシンケルの作品との出会いによって一八〇度意識が転換されることになる。つまり、自らの「伝統主義の建築をたゞ機械的な一面から批判していた」態度を深く反省するのであった。それは過去の様式から分離することのみを自己の目的と考えていた意識の反省であった。谷口は、シンケルの作品に仮託して自らの建築観を語る。技術的根拠に基づく革新性を求めつつも、人の心に直接響く表現の力の重要性を説く。谷口は「意匠心」という言葉を使用する。

心の伝承、という意味で谷口を代表する作品がある。藤村記念堂《とうそん》（一九四七）である。この建物は島崎藤村の長野県馬籠《まごめ》の生家跡（本陣・庄屋・問屋を営んでいたが、焼失）に造られた建物である。この建物の特徴は、生家跡をそのままにして、その周辺に建物を配したことである。跡地には掘りおこした礎石をそのまま現し、そのまわりに川砂を敷いただけである。その場は空き地として残している。また建物自体を地元住民の手で、地元の材料を使って造ったということも注目される。河原から石を手で運び、山から切り出した木材を住民自ら加工し、それを組み立てる。住民が総出で建物をつくるのであった。建物そのものは単純な和風の廊下状のものである。個々の意匠は在来からある日本の一般的なもので、特に新しさがみられるわけではない。むしろ巧まないのがこの建物の特色といえよう。建物は名脇役として、住民の手作業の素朴さが込められた表現とされている。そこには藤村、そしてそれを記念しようとする地元住民、見事なまでにそれらの精神の伝承される場が形成されるのであった。

◆河文水かがみの間

一般に谷口の和風は、安定した秩序立てられた意匠で構成されている。その特色をよく表現しているものに、河文水かがみの間がある。昭和四十七年（一九七二）、既存の施設に増築されたものである。鉄筋コンクリート造平家建で、三十畳敷の主室に奥行一間で幅三間の床の間と幅二間の床脇部分が取り付き、付書院状に二間幅に半間の奥行の張出が設けられる。中庭に相当する部分はその名の通り水が張られており、寝殿造以来、そして近代に特色の建物と水との関係を重視している。この建物の特色は、伝統的な和風を継承しつつ、しかしその構造を利用して新たな意匠を創出している点にある。つまり各部の意匠が構造から自由になっているのである。荷重を全く担わない化粧垂木《たるき》は、伝統的な猿頬《さるぼお》の形状であるが、その見付けを極端に小さくし、軽快に部屋内から広縁へと連続している。付書院状の張出は矩折《かねおり》に棚をまわし、

河文水かがみの間
水平が強調された近代的な意匠である。

隅部の柱はむしろ方立《ほうだて》としての扱いである。また次の間との境の欄間位置には細い竪子(ルーバー)が繁に割り付けられており、束などを介さずに連続している。障子の桟も縦長の割付である。逆に広縁と池との境のガラス戸あるいは次の間との境に立てられた襖はほぼ正方形で、細く縦長に割り付けられた他の部分を際だたせている。床の間の構成としては、床脇の部分を含めて垂れ壁および袖壁により座敷部分と空間的に切り離し、また主張しない床柱をセットバックさせ、床の間と床脇とが一体化した飾りの空間として構成されるのである。この空間に表現されたものは伝統的意匠そのものである。しかしそれは近代において理解される伝統であり、かつ決して在来の木造建築では成し得なかった意匠ともなっている。

谷口吉郎の和風、その意匠は在来のものの応用であるが、彼自信の美の規範によって新たに整えられている。工学的根拠をそのベースに置くことにより、ある意味で理想化され研ぎ澄まされた和の意匠がそこに表現される。その理想化されることにより和風建築の心が伝承されるのであった。

村野藤吾

◆様式の「上」の和風

はずかしながら、それは大きな勘違いであった。著者自らのことで恐縮だが、建築を学びはじめた頃、村野藤吾の幾つかの作品をみて感銘を受けた後、若き日の村野が「様式の上にあれ」との論文を著していた、ということを知ったときのことであった。この様式の上の「上」を〝on〟すなわち「それに接して、その表面上に」だと早合点《はやがてん》してしまったのである。暫《しばら》くして論文を読み、もちろんそれが〝above〟すなわち「超越して、より上に」との意味であることを知ることになった。その時はまさに虚をつかれた思いであった。

様式の上にあれ！
様式に関する一切の因襲から超然たれ！
吾等は様式の上に只感省の能力しかもたないものである。だから、既に過ぎ去つた様式でも又現代の様式でも、様式という様式の、一切の既定事実の模写や、再現や、復活などと云ふ、とらわれたる行為を止せ！

大正八年（一九一九）五月、『建築と社会』誌に掲載された村野藤吾の論文「様式の上にあれ」の冒頭部分である。のちに村野は「全く記憶にはないが将に拙稿である」（『建築と社会』一九七二・一）とはにかむ。大正八年といえば、堀口捨己《すてみ》らが分離派宣言を行う前年である。当時村野は早稲田大学建築学科を卒業し、渡辺節《せつ》建築事務所に入所したばかりであった。学生時代の村野は、当時の建築教育の常であったいわゆる様式建築に全く背を向け、ひたすら当時の新しい建築の方向性である「セセッション」、つまり旧来のものからの「分離」を目指していた。

しかし渡辺節建築事務所に勤務してからは、それまで否定し続け、回避していた様式建築のディテールを描くことに終始させられる。一八〇度の転換を強いられたのであった。後にその経験も重要であったことを述べているが、暫くは苦渋に満ちた日々を送っていたに違いない。上記論文は入所して一年ほど経った時に書かれたものである。

ここで一つ注目したい箇所がある。「既に過ぎ去った様式」と「現代の様式」を並列に扱っている点である。渡辺節に就くことで、それまでとは逆の視点も併せ持ち、新しいものにもとらわれない態度を身につけたのであろう。そして過去のみならず現代をも超越しようとする新たな方向性を発見することになる。その後村野の考えは大きく変化することになるが、この過去と現代を全く平等に扱うという姿勢は、自らいうところのプレゼンチスト（現在主義者）として、村野の作風の大きな骨格となっている。

◆ウェスティン都ホテル京都 佳水園

京都東山の三条蹴上に立つウェスティン都ホテル京都には、村野の和風の代表作として知られる佳水園《かすいえん》がある。

瓦の四半敷《しはんじき》を九枚ずつ菱形に並べた伝廊を緩やかに登ると茅葺の門に出る。薬医門《やくいもん》の形式である。しかし控柱である野太い桧の档丸太が前方に立つ（通常、控柱は後方に立つ）。茅葺にしては緩やかな勾配である。門をくぐると玄関脇の深い土庇に出る。門の檔丸太との対照で二寸八分の北山丸太がさらに細く感じられる。

玄関を入ると斜めの格子を持つ障子が目に飛び込んでくる。ロシア構成主義のタトリンを彷彿とさせる

佳水園
優美な組み立てはいかにも日本的である。しかし、在来のものにはありえない近代独自の意匠でもある。

意匠である。障子は二箇所に設けられ、一方は動線を誘導するように斜めに立てられている。ロビーの天井は掛込天井の形式で、斜めに張った化粧屋根裏部分が大きい。また棚の下には斜線で構成された障子が収まるが、これは袋棚ではない。玄関の足元に設けられたアルコーブとの間仕切となっている。

この建物は東山の山腹に位置するため、階段が多い。全体に低く水平に抑えられた外観に対して、内部の階段は飛翔感を感じさせる

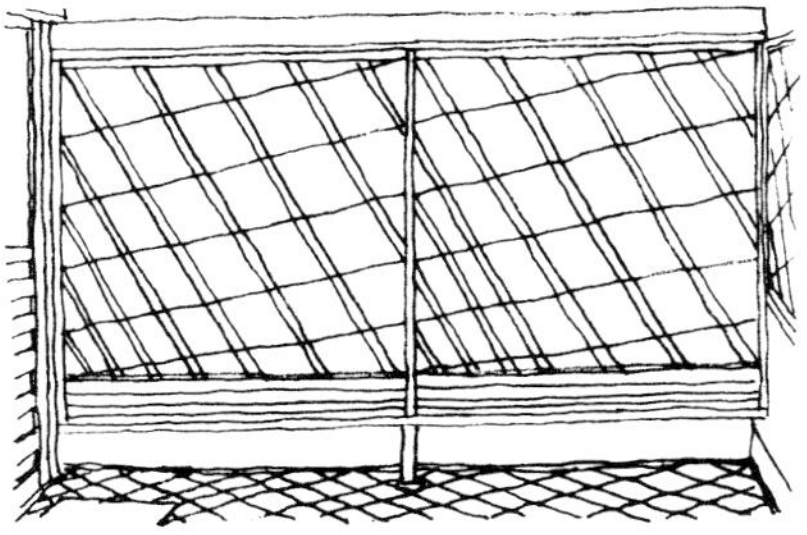

佳水園　玄関の障子
ロシア構成主義のタトリンを彷彿とさせる。

ものとなっている。

モダニズムの立場でこれらの作品をみた場合、旧来の様式建築の立場で和風を扱った長野宇平治《うへいじ》や伊東忠太《ちゅうた》らに比べて何等の進展もみられない、あるいは旧来の大工仕事と比べて何等変わることがない、とのそしりを受けるかもしれない。しかし、よくみると伊東らの態度に比べ、様式に対する論理的な筋道を強調することなく、またそれに対する忠実さもみせない。つまり様式にとらわれていないのである。各部の扱いはのちのポスト・モダンに近いのかもしれない。さらに近代においては腕の良い大工が技巧に走る傾向があるのだが、村野は技を十分抑制して、全体に控えめで、微妙なバランスを保っている。伝統的要素の中から新しい時代に通ずるところを巧く抽出し、再構成している。その扱いは村野自身の感性のなせる技であろう。

村野の和風は様式を基にしているが様式から自由である。つまり様式の「上」"on"にあり、様式の「上」"above"に位置するのであった。

◆近代と茶匠達

近代において、ある意味で絶対的なものとして利休像は語られてきた。明治維新直後の茶の湯にとって困難な時代に、江戸末頃の遊芸的な茶の湯に対し、利休像をもって、茶の湯を精神的なものとして主張し、それが近代という時代に受け入れられてきた。建築では星岡茶寮《ほしがおかちゃりょう》などの茶の湯の施設に利休堂が設けられ、それは精神性を広めるのに大きな意味を持った。あるいは昭和になって、利休のもつ合理的な性格が研究された。それらの結果、日本の建築界では、ガラス・鉄・コンクリートの巨大な構築物に、茶室・数寄屋が対等に渡りあうことができたのである。

このような利休像に対し、建築家たちは、それぞれ独自の観点を持って対応してきた。利休の存在の大きさに、苦悩した建築家も多い。

武田五一は茶室を研究し、そのなかで利休の偉大さに身動きがとれなくなってしまった。村野藤吾《とうご》は「私流に解釈すると、利休に行ってはアーキテクト死んでしまう」（『HIROBA』一九八五・一）という。武田はその結果、茶室以外の建築にその成果を発揮したが、村野は、他の茶匠たちに重きを置くことになる。

近代における利休像、建築においては妙喜庵待庵《みょうきあんたいあん》の二畳、これはあまりにも存在が大きくて、近代の建築家たちに重くのしかかってきた。茶室・数寄屋を標榜する近代の建築家たちも、待庵《たいあん》の二畳を超えるものは創作し得なかった。しかし客のための一畳、亭主のための一畳、これ以上に無駄をそぎ落とすことは、そもそも不可能である。しかし近代という時代には、無駄をそぎ落として合理性を追求しなければならなかった。それを超えなければならなかった。

村野は古田織部《おりべ》の自由な造形に興味を持っていた。村野は織部を、利休の茶をもっと自由にしたもの、と考えていた。さらに「織部になると救いがある。人間味があるわけですよ」といい、絶対的な利休に対して、織部に親近感を感じている。村野の作品が織部に近いことは明らかである。窓を多用して明るい室内、そして気分をくつろがせる構成など村野の作品に非常に近いものを感じさせている。

井上靖は「きれい寂び」という言葉を使った。「きれい寂び」とは、華やかなうちにも寂びのある風情で、一般に小堀遠州の好みに対して用いる言葉である。井上はこの言葉を遠州と切り離して、村野藤吾《とうご》が身につけているものを表現する手段として使用している。

織部も遠州も、わびを基本におきながら、時代に適合した機能や造形を構成し、くつろぎのある空間を創造している。その意味からは、村野自身の語った織部と井上の著した「きれい寂び」は同じところを示しているのであろう。

如庵　点前座側
竹を詰め打ちした有楽窓は、光を抑制しながら採り入れる意匠としておもしろい。

◆如庵と村野

　村野の和風を考えるに際して、織部《おりべ》や遠州と並んで注目したい茶匠は織田有楽《うらく》である。有楽の代表的な作品に如庵《じょあん》がある。建仁寺正伝院《けんにんじしょうでんいん》に建てられたこの建物は、明治維新以後、数奇な運命を辿り、現在では愛知県犬山市に移築されている。平面は二畳半大目《だいめ》に下座床の形式である。この茶室には幾つかの大きな特色がみられる。まず三角形の鱗板《うろこいた》（あるいは筋違板《すじかいいた》）と呼ばれる板畳が注目される。これは茶道口より給仕（サービス）のために敷かれたもので、茶の湯の動線を重視した構成である。また点前座《てまえざ》側にあけられた有楽窓《うらくまど》という形式も特記される。本来、明かりを取り入れるという機能を持つ窓に、その外側に竹を詰め打ちするという大胆な発想である。さらに点前座の風炉先《ふろさき》（前方）には中柱が立てられ、火灯型の刳り抜きを持つ板壁を設ける。空間を小さく区切ることにより、点前座に謙譲の意味を持たせる役割がある。これら各要素が機能的に設けられていると共に、意匠的にも見事に構成されている。

　この如庵を写したものの一つに、尾形光琳が造ったとされる仁和寺の遼廓亭《りょうかくてい》がある。画家であり工芸家の光琳が、この如庵を写したということに注目したい。そして現代においては村野藤吾《とうご》が、如庵に示唆を得た幾つかの作品を発表している。やはり如庵を扱うのは、高いデザイン能力を持ち得た者だけに許された行為であろうか。

有楽庵（都ホテル大阪）
鱗板が敷かれているが、ここでは意匠的な意味が大きい。

村野邸（一九四二）は築後百年ほど経った河内の民家を、宝塚郊外の清荒神に移築し、改造を施したものである。注目したいのは玄関脇の四畳半の茶室である。民家特有の野太い材料を使用しながら、しかしあるところでは繊細に材料を扱い、いわゆる民芸調ではなく、村野のオリジナリティを発揮している。

この点前座に如庵の中柱火灯口付の板壁が立てられている。点前座には謙譲の意味が発生し、窓や、色付の古材との取り合わせにより意匠的に面白い構成となっている。

村野晩年の作品に都ホテル大阪の有楽庵《うらく》（一九八五）がある。竣工は村野の没後ということであるが、村野自身が命名し、また細部にわたって村野の特色がよく表現されている。

やはりここにも如庵を基本にした四畳半の茶室がある。正確にいうと、四畳半に半畳の踏込部分が取り付き、五畳というところである。炉は上げ大目《だいめ》切に設けられ、下座に位置する床の間の脇には三角の板が挿入されている。この場

有楽庵（都ホテル大阪）　外側からみた有楽窓

合、三角形の板の働きは、如庵ほど大きな効果は認められない。機能面よりデザインの面白さを重視したといえよう。また点前座には中柱が立てられ、火灯型の板壁が設けられる。さらに点前座の勝手付《かってつき》（脇の壁側）には竹を詰め打ちした有楽《うらく》窓があけられている。天井は化粧屋根裏天井と平天井の組み合わせであるが、化粧屋根裏天井を点前座側、および躙口《にじりぐち》側に矩折《かねおり》に配し、平天井には照明器具を組み込み、光天井としている。光天井は新高輪プリンスホテルの秀明《しゅうめい》（一九八二）にも大胆に組み込まれている。茶室の室内を明るくすることは近代のひとつの特色である。

近代においては、茶室が合理的にとらえられていた。いやむしろ合理的な面ばかりが強調されすぎていた。古典茶室への概念を転換させ、合理性よりもむしろその意匠性を重視した村野の視点は、近代建築を担い和風に取り組んできた多くの建築家達とは、大きなずれをもっている。茶の湯の持つ深い精神性や合理性、これらは近代の建築家が茶室に求めるものであり、古典茶室は十分にそれらを満たし、提供してきた。しかし村野の求めるところはそういった限定された近代性にとらわれない自由なものであった。また、歴史を引用する手法も、村野は臆することなく採用した。近代的な側面のみを重視するのではなく、村野のようにさまざまな側面からみた茶室は、示唆に富むものとなろう。

◎用語解説

▼事項／茶室・数寄屋

明障子（あかりしょうじ）
一般にいう障子のこと。薄く紙を貼り、明かりを採り入れるのに適した障子の形式。

有楽窓（うらくまど）
連子窓で、窓の外側に竹を詰め打ちにした形式。

大壁（おおかべ）
壁を仕上げるとき、柱を塗り込めて外に見せないようにした手法。

落掛（おとしがけ）
床の間や付書院上部の小壁の下端に架け渡した横木のこと。

勝手付（かってつき）
亭主からみて、点前座における客と反対側。

火灯口・花頭口（かとうぐち）
茶室において茶道口や給仕口に用いられる出入口の形式の一つ。方立を用いないで壁を塗り回し、上部を丸く仕上げたもの。

火灯窓（かとうまど）
上部に火灯曲線と呼ばれる曲線を持つ窓。

壁床（かべどこ）
奥行きを持たない床の間の形式。したがって床框や落掛、独立した床柱などは設けられない。

貴人口（きにんぐち）
客のために設けられた茶室の出入り口で、一般に引き違いとした二枚の腰障子が建てられる。狭い躙口に対して、貴人に提供されるという意味からこの名が付けられている。

客座（きゃくざ）
茶の湯において、客が着席する座のこと。またその畳を客畳という。

給仕口（きゅうじぐち）
茶室における給仕のための出入り口。一般に、間取りの関係で茶道口から給仕が困難な場合に設けられる。

化粧屋根裏天井
（けしょうやねうらてんじょう）
一般にいう天井板を張らないで、屋根の垂木などをみせた天井のこと。

原叟床（げんそうどこ）
踏込床の一種で、表千家六世原叟宗左が好んだとされている。床柱は地板の隅ではなく、内側に立てられ、床脇部分は吹き抜けである。

木舞（こまい）
細長く割った木などのこと。壁の下地の割竹や、屋根の垂木上に横に渡す部材のこと。

茶道口（さどうぐち）
茶室において亭主が点前をするために使用する出入り口。

色紙窓（しきしまど）
長方形をずらして配置した、いわゆる色紙散らしの意匠に設けられた窓のこと。

下地窓（したじまど）
土壁の一部を塗り残して壁下地をあらわした窓のこと。通常、下地として葭が多くみられるが、割竹を組み合わせたものもある。

上座床・下座床（じょうざどこ・げざどこ）
茶室における床の構え方で、その位置による名称。この場合の上下というのは、点前座に着座した亭主からみた時の床の間の位置によるもので、点前座からみて、前方に構える形式を「上座床」、後方に構える形式を「下座床」という。

太鼓襖（たいこふすま）
縁が無く、骨組みに両面より紙を張った襖の形式。坊主襖、太鼓張襖などともいう。

大目・台目（だいめ）
四分の一を減じたもののこと。茶室では長辺が通常の約四分の三の長さの畳を大目畳・台目畳という。

大目構え・台目構え（だいめがまえ）
大目畳の点前座に中柱、袖壁を設けて、点前座を緩やかに囲った形式のこと。小さく囲うことで亭主の謙虚さをしめす、という意味や、あるいは意匠のおもしろさ、などの意味がある。

垂木（たるき）
屋根面を構成するため、流れ方向に並べ、棟から桁へ掛けわたす長い部材。

違棚（ちがいだな）
床脇に設けられる飾りのための棚のこと。一般に左右段違いに組み合わせた二枚の棚板、海老束、筆返しなどにより構成される。

茶事（ちゃじ）
茶会のこと。近年では正午の茶事などの正式な形式のものを茶事、茶のみを供する略した形式を茶会として区別することがある。

突上げ窓（つきあげまど）
化粧屋根裏天井に設けられた一種の天窓のこと。

付書院（つけしょいん）
床の間の脇などに設けられ、作り付けの机を設けた出窓のこと。古くは出文机と呼ばれていた。最初は書斎として実用的に使用されていたのが、座敷飾りが盛んに行われるようになると、飾りの場として採り入れられるようになった。

亭主（ていしゅ）
茶の湯において、その亭の主のこと。茶を点てて客をもてなす人。客と対の言葉をなす。

亭主床（ていしゅどこ）
茶室の床の構え方で、点前座の勝手付に床の間を設けたもの。床の間は、その位置によって座敷の上下関係を決める役割を持つが、この場合、その意味は薄らいで、客から亭主側をみたとき、亭主の点前を演出するという新たな役割を担うようになる。

点前（てまえ）
茶を点てる作法のこと。

点前座（てまえざ）
茶の湯において、亭主が着席する座のこと。その畳を点前畳ともいう。

床框（とこがまち）
床の間を座敷面より一段高く構成するため、前端に設けられた部材。

床柱（とこばしら）
床の間を構成する中心的な化粧柱のこと。床の間の左右反対側の柱を「相手柱」と呼ぶこともある。

床脇（とこわき）
床の間の脇の設えられた部分のこと。違棚や袋戸棚などにより構成されるが、地板のみの簡素なものもある。

中柱（なかばしら）
茶室において、点前座と客座をしきる位置に立てられる柱。

躙口（にじりぐち）
草庵茶室において客のために設けられた小さな出入口。「潜り」ともいう。

琵琶床（びわどこ）

床の間の脇に一段高く板が張られた部分、またはその部分を含んだ床の間のこと。

袋床（ふくろどこ）
床の間の前面に方立を立て、袖壁を設けた形式。一般に、この袖壁に下地窓が設けられる。

袋戸棚（ふくろとだな）
建具を伴った作り付けの棚のことで、床脇や付書院などに設けられる。床に接するように設けられたものを地袋と呼び、上方にあるものを天袋と呼ぶ。

踏込床（ふみこみどこ）
床框が略され、地板が座敷の畳面と同じ高さになったもの。

風炉先（ふろさき）
亭主からみて、点前座の前方のこと。

方立（ほうだて）
出入口や窓の脇で壁との境に設けられる竪枠のこと。

方立口（ほうだてぐち）
茶室の茶道口に用いられる出入口の形式の一つで、敷居、鴨居と方立によって構成される。

墨蹟窓（ぼくせきまど）
床の間に設けられた窓で、墨蹟に明かりを当てる役割を持つ。

連子窓（れんじまど）
窓の外側に竹などを竪または横に並べ、連子子とした窓のこと。

露地（ろじ）
茶の湯のために設けられた庭のこと。腰掛、灯籠、蹲踞などが配置される。

▼事項／近代建築

アール・ヌーヴォー（art nouveau）
十九世紀末から二十世紀初頭にかけて、ベルギーやフランスで流行した建築や美術の形式。植物や昆虫などをモチーフにした曲線が特色である。

バウハウス（Bauhaus）
一九一九年、ドイツのワイマールに開校した国立の造形学校。初代校長はグロピウス。その理念は、建築や工芸などの諸分野を集め、芸術と技術の再統一を図ること。一九二六年にデッサウに校舎を移す。一九三二年、ナチスの圧力で閉校。

モダニズム（modernism）
建築におけるモダニズムは一九二〇年代にはじまり、その後の建築を席巻する。工業化社会において装飾の少ない平滑な外観を持ち、合理性を追求する形式である。

ポスト・モダン（post moderm）
モダンのあとに来るものの意味、一九七〇〜八〇年代頃、行き過ぎた合理主義によって、閉塞感のあった建築に、モダニズムが否定してきた歴史性や装飾性などを復権させようとする動き。

擬洋風（ぎようふう）
幕末以降、洋風建築工事に関わったり、あるいは見学や錦絵によって知り得た知識によって、日本人の棟梁たちがつくった西洋風に似せた建築のこと。

構成主義（こうせいしゅぎ）
一九二〇年頃、ロシア革命による社会変革に伴う芸術運動。幾何学的な面や線によって造形が組み立てられる。

新古典主義（しんこてんしゅぎ）
十八世紀末以降、ギリシア・ローマ時代の古典的様式を採り入れようとした美術運動のこと。また二十世紀はじめにも大きな動きとなってあらわれる。

表現主義（ひょうげんしゅぎ）
二十世紀初頭ドイツを中心に展開した芸術思想のことで、主観的な表現を追求しようとする。

様式建築（ようしきけんちく）
歴史様式を範として組み立てられた建築のこと。近代日本においては、まず西洋の様式建築の学習が行われた。

歴史主義（れきししゅぎ）
建築における歴史主義は、歴史的な様式形態を全体的あるいは部分的に模倣する立場のこと。

▼人物

ブルーノ・タウト（Bruno Taut）
一八八〇～一九三八
建築家。ドイツで生まれた。はじめ表現主義を標榜するが、やがてモダニズムへと変化する。昭和八年（一九三三）、ナチスに追われ、来日。桂離宮を高く評価する一方、日光東照宮などを軽くみた。その観点はのちの日本建築に多大なる影響を与えたといわれている。

チャールズ・レニー・マッキントッシュ
（Charles Rennie Mackintosh）
一八六八～一九二八
スコットランドの建築家でデザイナー。グラスゴー派を率い、十九世紀末から二十世紀初頭の建築工芸運動に大きな影響を与える。一方日本の工芸にも造詣が深い。代表作に、グラスゴー美術学校（一八九九）やヒルハウス（一九〇三）などがある。

フランク・ロイド・ライト
（Frank Lloyd Wright）
一八六七～一九五九
アメリカの建築家。多様な形態や機能を有する、自然の造形を重視する有機的建築を提唱。代表作に落水荘（一九三六）やグッゲンハイム美術館（一九五九）、日本での帝国ホテル（一九二三）などがある。

ジョサイア・コンドル（Josiah Conder）
一八五二～一九二〇
イギリス生まれの建築家。明治十年（一八七七）、工部省の招聘により来日。工部大学校造家学科において日本の建築教育に携わり、日本人建築家を育てる。ニコライ堂（一八九一）や鹿鳴館（一八八三）の設計者として知られる。

カール・フリードリッヒ・シンケル
（Karl Friedrich Schinkel）
一七八一～一八四一
プロシアに生まれる。新古典主義を代表するドイツの建築家。十九世紀のベルリン都市再開発計画がよく知られている。

ル・コルビュジェ（Le Corbusier）
一八八七～一九六五
スイス生まれのフランスの建築家。本名はシャルル・エドワール・ジャンヌレ。合理主義的に建築をとらえ、鉄筋コンクリートを生かした建築が特色。柱と床板とから成る「ドミノ」と呼ばれる構築体系を確立。代表作にサヴォア邸（一九三一）、ロンシャンの教会（一九五五）、ラ・トゥーレットの修道院（一九五九）などがある。

ミース・ファン・デル・ローエ
（Mies van der Rohe）
一八八六～一九六九
ドイツ生まれの建築家。ガラスと鉄骨による無装飾な箱型の建築が特色。"Less is more"（より少ないことは、より豊かなことである）という言葉を残したことでも知られている。主な作品に、バルセロナ博覧会ドイツパビリオン（一九二九）、チューゲンハット邸（一九三〇）、シーグラムビル（一九五八）などがある。

ウラジミール・タトリン
（Vladimir Tatlin）
一八八五～一九五三
ロシアの建築家。ロシア構成主義の建築家。螺旋状に上昇し、新しい世界への飛翔感を表現した第三インターナショナル記念塔計画案（一九二〇）が有名である。

伊東忠太（いとうちゅうた）
一八六七～一九五四
建築史家。建築家。米沢藩出身。法隆寺

の研究をはじめ社寺建築を中心に、日本最初の建築史家として活躍。日本建築の発展経路を探るため、ユーラシア大陸を探検。また築地本願寺（一九三四）や平安神宮（一八九五）などを設計。

井上馨（いのうえかおる）
一八三五～一九一五
明治時代の政治家。長州藩出身。第一次伊藤内閣の外相となって、条約改正のための欧化政策を推進した。世外と号し、茶の湯や美術工芸品のコレクターとしても名高い。

仰木魯堂（おおぎろどう）
一八六三～一九四一
数寄屋建築家。本名敬一郎。筑前国に生まれる。東京に出て設計事務所を構える。高橋箒庵や益田鈍翁ら明治末頃から台頭してきた数寄者たちの数寄屋を設計する。

織田有楽（おだうらく）
一五四七～一六二一
安土桃山時代の大名。通称源五、名は長益。織田信長の弟。関ヶ原の役には徳川方に従い、大和に所領する。千利休に茶の湯を学び、数寄者として名をあげる。現在、犬山の有楽苑にある如庵は、有楽が建仁寺正伝院につくったもの。

柏木貨一郎（かしわぎかいちろう）
一八四五～一八九八
徳川幕府の普請方として、維新後は建築請負業を生業とした。古美術の鑑識にも長け、数寄者としても名高い。探古と号する。代表作に、品川御殿山の益田孝邸（一八八〇）、飛鳥山の渋沢邸（一九〇〇）などがある。

北大路魯山人（きたおおじろさんじん）
一八八三～一九五九
近代の数寄者、芸術家。本名房次郎。京都市出身。近代の陶芸や書、絵画において大きな業績を残した。また美食家としても有名で、「美食倶楽部」を発足させ、星岡茶寮の料理顧問兼料理長としても腕をふるった。

木村清兵衛（きむらせいべえ）
一八四五～一九一五（二代目）
一八七一～一九五五（三代目）
数寄屋大工。代々清兵衛の名を継ぐ。はじめ京都で仕事をしていたが、井上馨の八窓庵の移築（一八八七）を機に、活躍の場が東京中心となる。

玄々斎千宗室（げんげんさいせんそうしつ）
一八一〇～一八七七
裏千家第十一代家元。三河国松平家に生まれ、十歳で裏千家に養子に迎えられる。天保十年（一八三九）の利休二百五十年忌の茶事を催し、それに際し、裏千家の咄々斎や大炉の間、抛筌斎などの大増築を行う。得度して精中と称す。

小堀遠州（こぼりえんしゅう）
一五七九～一六四七
江戸時代の大名。建築や造園にも長けていた。茶を古田織部に学び、徳川家光に茶道を指南。徳川幕府の作事奉行として天分を発揮。設計したものとして、大徳寺龍光院密庵席や孤篷庵忘筌、金地院八窓席などが知られている。

重森三玲（しげもりみれい）
一八九六～一九七五
造園家。岡山県に生まれる。元の名は計夫というが、フランスの画家ジャン・フランソワ・ミレーに感化され、三玲と改名した。作庭としては東福寺方丈庭園（一九三九）、東福寺龍吟庵庭園（一九六四）などがよく知られている。茶の湯や生け花を能くし、庭園研究家あるいは茶室建築家としての側面も持つ。

千宗旦（せんそうたん）
一五七八～一六五八
江戸初期の茶人。千利休の孫にあたり、わび茶を極め、利休流の茶を広めた。またその子らを分家させ、三千家（表千家、裏千家、武者小路千家）の基を築いた。

千利休（せんりきゅう）
一五二二〜一五九一
堺に生まれる。幼名を与四郎、のち宗易と名乗る。利休は居士号。珠光、紹鷗の茶を継承し、それをもとに独自の美意識を展開する。織田信長、豊臣秀吉に茶頭として仕えたが、のちに秀吉の激怒をかい、自刃する。

高橋箒庵（たかはしそうあん）
一八六一〜一九三七
水戸の出身。本名は義雄。三井銀行に入り、その後三越呉服店、王子製紙の社長を歴任。五一歳より実業界を離れ、茶の湯を中心とした生活を送る。「大正名器鑑」を編纂。

武田五一（たけだごいち）
一八七二〜一九三八
広島県福山に生まれる。建築家。京都高等工芸学校の創設にかかわり、京都帝国大学の建築学科の教授を務める。東京帝国大学の卒業論文として「茶室建築」をまとめる。欧州を巡り、新しい工芸運動を日本に伝える。建築家として関西を中心に多くの作品を残す一方、法隆寺など文化財保護にも携わる。

武野紹鷗（たけのじょうおう）
一五〇二〜一五五五
各地を遍歴ののち、堺に住し、大黒庵と号す。珠光の茶を継承し、わび茶を追求し、千利休や今井宗久、津田宗及など、堺の茶人たちを育てた。

谷口吉郎（たにぐちよしろう）
一九〇四〜一九七九
建築家。金沢に生まれる。モダニズムの建築を設計する一方、明治建築の保存に立ち上がり、博物館明治村館長を務める。また近代的に洗練された和風建築の作品も多い。

土橋嘉兵衛（つちはしかへえ）
一八六八〜一九四七
京都の道具商で数寄者。大正二年（一九一三）、光悦会を設立。光悦寺の大虚庵、本阿弥庵などを寄付する。大師会などにも参画し、関東の数寄者との交流も多い。

長野宇平治（ながのうへいじ）
一八六七〜一九三七
建築家。越後高田に生まれる。日本の建築家としてはじめて和風意匠の奈良県庁舎（一八九五）を設計。歴史主義で多くの銀行建築を設計。日本建築士会設立に尽力。

西川一草亭（にしかわいっそうてい）
一八七八〜一九三八
花道家。去風流家元。花道のみならず、近代における日本の伝統文化に、大きく影響を与えた。伝統文化研究誌として『瓶史』を刊行した。

原三溪（はらさんけい）
一八六八〜一九三九
青木富太郎として美濃の国に生まれる。明治二五年（一八九二）、原家に養子に入り、原富太郎となる。三溪園を創設。三溪の名は、自邸である三溪園の地が横浜本牧の三ノ谷であったことからの命名である。生糸の貿易により財を成し、芸術家のパトロンとして、また関東大震災後の横浜の復興に貢献した。

藤井厚二（ふじいこうじ）
一八八八〜一九三八
建築家。広島県福山に生まれる。建築の環境工学および住宅建築の草分け的存在。京都帝国大学の教授を務める。自邸を実験住宅として次々と設計。

古田織部（ふるたおりべ）
一五四三〜一六一五
安土桃山時代の大名。美濃に生まれる。名は佐介、のちに重然と改名。千利休の高弟で徳川秀忠の茶の湯指南となる。しかし大阪の陣のあと、豊臣方へ内通の疑いで自刃した。

細川三斎（ほそかわさんさい）
一五六三〜一六四五
安土桃山から江戸初期の大名。幼名を熊千代といい、長じて与一郎、のちに忠興と称する。丹後宮津城主で、明智光秀の娘ガラシャと結婚。本能寺の変ののち、秀吉、家康に仕え、関ヶ原の戦いに活躍し、豊前国小倉に移封。茶の湯は千利休に学び、それを忠実に守ったとされている。

堀口捨己（ほりぐちすてみ）
一八九五〜一九八四
建築家。岐阜県に生まれる。大正九年（一九二〇）、東京帝国大学卒業時に、分離派建築界を結成する。作品は、表現主義的な紫烟荘（一九二六）やモダニズムの若狭邸（一九三九）などがある。一方、茶室の研究や、近代の数寄屋建築の作品を多数発表する。

益田鈍翁（ますだどんおう）
一八四八〜一九三八
佐渡国に生まれる。本名孝。幕末、遣欧使節としてパリにわたり、万国博をみる。維新以後、実業界で力を発揮し、三井財閥の最高経営者となった。

町田久成（まちだひさなり）
一八三八〜一八九七
薩摩藩に生まれる。藩命によりイギリスに留学。そのときパリ万博にも足を運ぶ。日本で最初の文化財調査（壬申検査、一八七二）に参加し、のち博物館の館長に就任。茶の湯を趣味とし、平瀬露香ら数寄者との交流も多い。

松永耳庵（まつながじあん）
一八七五〜一九七一
長崎県壱岐に生まれる。本名安左衛門。日銀勤務を経て、石炭を商う。のち電力事業をはじめ、電力界に貢献する。六十歳から茶の湯を本格的にはじめ、「六十而耳順」より耳庵を号す。

村田珠光（むらたしゅこう）
一四二三〜一五〇二
茶の湯の開山、あるいは茶道の祖といわれる。奈良に生まれ、称名寺に住したがやがて上洛。大徳寺の一休禅師に参禅。禅味を加えた茶の湯をはじめた。

村野藤吾（むらのとうご）
一八九一〜一九八四
建築家。佐賀県唐津に生まれる。はじめ大阪の渡辺節建築事務所に入所する。やがて独立するが、泉岡宗助に関西風の和風建築の神髄を学ぶ。作品に宇部市民館（一九三七）や大阪新歌舞伎座（一九五八）などがある。

柳宗悦（やなぎむねよし）
一八八九〜一九六一
近代の工芸運動家。東京に生まれる。朝鮮李朝の陶磁器に触発され、民衆的工芸、すなわち民芸の美を提唱し、民芸運動をはじめた。河井寛次郎や浜田庄司らとともに、民芸の蒐集や展示に努めた。

山口玄洞（やまぐちげんどう）
一八六三〜一九三七
尾道に生まれる。関西の実業家として活躍し、貴族院議員も務める。事業を引退したのち、茶の湯と信仰の生活を送る。寺院に百棟近くの堂塔を寄贈し、あるいは公共事業や教育施設に多大なる寄付をおこなうなど、財産を社会還元してきた。

吉田五十八（よしだいそや）
一八九四〜一九七四
建築家。東京日本橋に生まれる。近代における日本建築の創造を試みる。特に近代数寄屋発展に大きな影響を与えた。代表作に、日本芸術院会館（一九五八）、五島美術館（一九六〇）などがある。

◎近代　茶室・数寄屋年表

本文に関するものを中心に扱った。

年代	事項
一八五三（嘉永六）	ペリーが浦賀に来航
一八五八（安政五）	日米修好通商条約が調印
一八六三（文久三）	竹沢御殿の用材を転用し、成巽閣が建てられる
一八六七（慶応三）	英国留学中の町田久成ら薩摩藩士がパリ万博を見学
一八六八（明治元）	築地ホテル館（清水喜助）新築
一八七一（明治四）	本願寺対面所、白書院、黒書院を会場に京都博覧会開催
一八七一（明治四）	古器旧物保存方の太政官布告（町田久成の上申による）
一八七二（明治五）	本願寺、建仁寺、知恩院を会場に第一回京都博覧会開催、建仁寺正伝院において茶席が設けられる
一八七二（明治五）	金沢成巽閣において博覧会が開催
一八七二（明治五）	町田久成ら社寺宝物検査のため関西方面を廻る（壬申検査）
一八七三（明治六）	建仁寺正伝院の如庵が有楽館として保存
一八七五（明治八）	東京国立博物館、奈良興福寺の茶室六窓庵を購入
一八七五（明治八）	大阪博物場が開場、このとき平瀬露香が取締として関わる
一八七六（明治九）	堺南宗寺において博覧会開催され、大黒庵で茶会が催され、これを機に実相庵が移築
一八七七（明治十）	第一回内国勧業博覧会が東京上野公園で開催、このとき六窓庵の移築完了
一八七八（明治十一）	第一回愛知県博覧会において、松尾宗五により立礼の茶室が設けられる
一八七八（明治十一）	第七回京都博覧会において、御所と桂離宮の拝観が許可（翌年、修学院離宮が許可）
一八八〇（明治十三）	第二回愛知県博覧会において、猿面茶室が移築
一八八〇（明治十三）	井上馨、東京麻布の鳥居坂に本邸の新築工事に着工 　この頃、東大寺四聖坊が取り払いとなり、八窓庵が売却される
一八八一（明治十四）	平瀬露香、東京に向かい、上野の博物館や博覧会を見学し、安田善次郎、町田久成らの茶会に出向く
一八八一（明治十四）	東京芝公園内に茶の湯を含む社交施設として紅葉館が開館
一八八一（明治十四）	佐久間将監好みと伝わる聴秋閣、東京青山の稲葉邸より牛込の二条邸に移築（後、三溪園に移築）
一八八三（明治十六）	コンドル、鹿鳴館を新築
一八八四（明治十七）	東京麹町公園内に茶の湯の施設として星岡茶寮が開館

一八八四（明治十七）	近衛家の又新亭、仙洞御所に移築
一八八七（明治二十）	東大寺四聖坊にあった八窓庵が東京鳥居坂の井上馨邸に移築され、天皇の行幸が計画される
一八九〇（明治二十三）	琵琶湖疎水完成
一八九一（明治二十四）	新潟県に三角亭が建てられる
一八九二（明治二十五）	興福寺大乗院にあった八窓庵が奈良国立博物館内に移築
一八九三（明治二十六）	伊東忠太、「法隆寺建築論」を著す
一八九三（明治二十六）	西行庵、旧浄妙庵遺構を元に再興
一八九三（明治二十六）	本多錦吉郎『茶室構造法』が刊行
一八九四（明治二十七）	日清戦争勃発（翌年終結）
一八九五（明治二十八）	長野宇平次、和風の庁舎として奈良県庁舎を新築
一八九五（明治二十八）	山縣有朋が南禅寺近傍に無鄰菴を開く
	この頃、京都博覧会の茶室が稲畑勝太郎の別荘に移築（龍吟庵）
一八九七（明治三十）	古社寺保存法が公布
一八九七（明治三十）	武田五一、『茶室建築』を著す
一八九八（明治三十一）	高橋箒庵、新築の自邸（東京麹町）に寸松庵を移築
一九〇三（明治三十六）	第五回内国勧業博覧会（大阪）において茶室が設けられる
一九〇四（明治三十七）	日露戦争勃発（翌年終結）
一九〇六（明治三十九）	原三溪、臨春閣を入手、また自宅の庭園（三溪園）を市民に開放
一九〇六（明治三十九）	岡倉天心『The Book of Tea』を刊行
一九〇八（明治四十一）	建仁寺正伝院の如庵、東京三井本家に売却
一九一〇（明治四十三）	ロンドンの日英博覧会で一色七五郎による茶室が設けられる
一九一〇（明治四十三）	東京内田山の井上邸に八窓庵が移築され、席開きが行われる
一九一四（大正三）	益田鈍翁が箱根強羅に白雲洞茶苑を開く
一九一五（大正四）	土橋嘉兵衛の寄進により、光悦寺に大虚庵が再建
一九一六（大正五）	この頃から、野村徳庵が南禅寺近傍に邸宅を築きはじめる
一九一七（大正六）	三溪園に蓮華院が新築
一九一七（大正六）	三溪園、臨春閣の移築完了
一九一八（大正七）	三溪園、月華殿・春草廬の移築完了
一九一九（大正八）	ドイツにバウハウス開校

一九一九（大正八）	村野藤吾、『建築と社会』誌に「様式の上にあれ」を著す
一九二〇（大正九）	堀口捨己ら、分離派建築会を結成
一九二二（大正十一）	三溪園、聴秋閣移築完了
一九二二（大正十一）	白雲洞茶苑、原三溪の所有となる
一九二三（大正十二）	関東大震災発生
一九二五（大正十四）	高橋箒庵が護国寺に茶苑を開く、仰木魯堂による円成庵を新築
一九二五（大正十四）	高橋箒庵の指導により独楽庵が復元
一九二五（大正十四）	堀口捨己、小出邸を新築
一九二五（大正十四）	柳宗悦らによって民芸論が提唱
一九二五（大正十四）	北大路魯山人、星岡茶寮を開設
一九二六（大正十五）	藤原暁雲が熱海に倶忘軒を新築
一九二六（大正十五）	堀口捨己、紫烟荘を新築
一九二七（昭和二）	堀口捨己、双鐘居を新築
一九二七（昭和二）	北大路魯山人、北鎌倉に星岡窯を開く
一九二八（昭和三）	藤井厚二、聴竹居を新築
一九二八（昭和三）	山口玄洞の寄進により、大徳寺興臨院に涵虚亭が新築
一九二八（昭和三）	大礼記念国産振興東京博覧会に燈心亭を基にした茶室が出展
一九二九（昭和四）	国宝保存法施行
一九二九（昭和四）	松永耳庵が柳瀬荘の造営をはじめる、この頃、黄林閣を移築する
一九二九（昭和四）	京都東山に桐蔭席が建てられる
一九三〇（昭和五）	松殿山荘が新築される
一九三一（昭和六）	高橋箒庵らの寄進により、高山寺に遺香庵が新築
一九三三（昭和八）	ブルーノ・タウト来日、桂離宮を見学
一九三三（昭和八）	堀口捨己、岡田邸を新築
一九三四（昭和九）	吉田五十八、小林古径邸を新築
一九三四（昭和九）	土橋嘉兵衛が民芸の影響を受けた自邸を新築
一九三六（昭和十一）	小林一三が池田に雅俗山荘を築く
一九三六（昭和十一）	吉田五十八、吉屋信子邸を設計
一九三六（昭和十一）	藤原暁雲の尽力により、ストックホルムに瑞暉亭が新築

一九三七（昭和十二）	藤井厚二、扇葉荘を新築
一九三七（昭和十二）	坂倉準三、パリ万博日本館を設計
一九三九（昭和十四）	松永耳庵が柳瀬荘内に、古材を利用した斜月亭を新築、久木庵を移築
一九三九（昭和十四）	ブルーノ・タウト『日本美の再発見』刊行
一九三九（昭和十四）	第二次世界大戦勃発
一九四〇（昭和十五）	白雲洞茶苑、松永耳庵の所有となる
一九四二（昭和十七）	重森三玲が吉田神社の社家、鈴鹿邸を入手
一九四四（昭和十九）	北村捨次郎、北村謹次郎邸を新築
一九四五（昭和二十）	第二次世界大戦終結
一九四六（昭和二十一）	松永耳庵が小田原に老欅荘を建てる
一九四七（昭和二十二）	谷口吉郎、藤村記念堂を新築
一九五〇（昭和二十五）	堀口捨己『利休の茶室』が建築学会賞（論文賞）を受賞
一九五〇（昭和二十五）	堀口捨己、八勝館御幸の間を設計、これにより翌年、日本建築学会賞（作品賞）を受賞
一九五一（昭和二十六）	堀口捨己、ビニールの茶室美似居を発表
一九五三（昭和二十八）	裏千家に立礼の茶室又新が増築
一九五三（昭和二十八）	重森三玲邸に無字庵が増築
一九六〇（昭和三十五）	村野藤吾、都ホテル（現・ウェスティン都ホテル京都）に佳水園を増築
一九六三（昭和三十八）	吉田五十八、北村謹次郎邸を増築
一九六五（昭和四十）	博物館明治村開園
一九六五（昭和四十）	堀口捨己、茶室磵居を新築
一九六五（昭和四十）	北大路魯山人の星岡窯の一部施設が茨城県笠間に移築
一九六九（昭和四十四）	重森三玲邸に好刻庵が増築
一九七二（昭和四十七）	谷口吉郎、河文を増築（水かがみの間）
一九七三（昭和四十八）	堀口捨己、茶室清恵庵を新築
一九八一（昭和五十六）	中村昌生、山形宝幢寺の客殿（清風荘）を保存し、茶室宝紅庵を増築
一九八二（昭和五十七）	村野藤吾、新高輪プリンスホテルを新築、茶室秀明
一九八四（昭和五十九）	中村昌生、大濠公園日本庭園茶会館を新築
一九八五（昭和六十）	村野藤吾、新高輪プリンスホテルに惠庵を増築
一九八五（昭和六十）	村野藤吾、都ホテル大阪に有楽庵を増築

◎主要参考文献

【茶室・数寄屋関連】

・本多錦吉郎：『茶道要訣　茶室構造法』（団々社書店、一八九三）
・杉本文太郎：『茶室と茶庭図解』（建築書院、一九一一）
・川上邦基：『茶式建築及庭園』（龍吟社、一九二五－二八）
・保岡勝也：『茶室と茶庭』（鈴木書店、一九二七）
・北尾春道：『数寄屋建築史図聚』全二十冊（洪洋社、一九三五－三七）
・『茶道全集　巻之三』（創元社、一九三六）
・岡田孝男：『近畿茶室行脚』（晃文社、一九四三）
・江守奈比古：『茶室』（朝日新聞社、一九四九）
・北尾春道：『数寄屋図解事典』（彰国社、一九五九）
・堀口捨己・稲垣栄三：『図説茶道大系　第四巻　茶の建築と庭』（角川書店、一九六二）
・堀口捨己：『茶室研究』（鹿島出版会、一九六九）
・中村昌生：『茶室の研究』（墨水書房、一九七一）
・中村昌生：『茶匠と建築』（鹿島出版会、一九七一）
・重森三玲：『茶室茶庭事典』（誠文堂新光社、一九七三）
・中村昌生：『茶室大観　Ⅰ・Ⅱ・Ⅲ』（創元社、一九七七－七八）
・堀口捨己：『書院造りと数寄屋造りの研究』（鹿島出版会、一九七八）
・中村昌生：『数寄屋建築集成』（小学館、一九七八－八五）
・『茶道辞典』（淡交社、一九七九）
・中村昌生：「近代の数寄屋」（『新住宅』所収、一九七九－八八）
・熊倉功夫：『近代茶道史の研究』（日本放送出版協会、一九八〇）
・『和風建築』二十四冊（和風建築社、一九八一－八四）
・中村昌生：『茶室百選』（淡交社、一九八二）

・岡田孝男：『京の茶室　東山編／西山・北山編／千家・宮廷編』（学芸出版、一九八九）
・『茶道聚錦七　座敷と露地（一）』（小学館、一九八四）
・『茶道聚錦六　近代の茶の湯』（小学館、一九八五）
・『茶道聚錦八　座敷と露地（二）』（小学館、一九八六）
・中村昌生：『数寄の工匠　京都』（淡交社、一九八六）
・中村昌生：『数寄屋邸宅集成』全三巻（毎日新聞社、一九八八－八九）
・林屋辰三郎ほか：『角川茶道大事典』（角川書店、一九九〇）
・中川武：『数寄屋の森 和風空間の見方・考え方』（丸善、一九九五）
・熊倉功夫：『近代数寄者の茶の湯』（河原書店、一九九七）
・『茶道学大系六　茶室・露地』（淡交社、二〇〇〇）

【近代建築関連】

・谷川正己：『フランク・ロイド・ライト』（鹿島出版会、一九六七）
・栗田勇：『現代日本建築家全集』全二十四冊（三一書房、一九七〇－七五）
・藤井正一郎・山口廣：『日本建築宣言文集』（彰国社、一九七三）
・村松貞次郎・山口廣・山本学治：『近代建築史概説』（彰国社、一九七八）
・稲垣栄三『日本の近代建築─その成立過程　上・下』（鹿島出版会、一九七九）
・村松貞次郎ほか：『日本の建築─明治・大正・昭和』全十巻（三省堂、一九七九－八一）
・井上章一：『つくられた桂離宮神話』（弘文堂、一九八六）
・村松貞次郎・近江栄：『近代和風建築』（鹿島出版会、一九八八）
・藤森照信：『昭和住宅物語』（新建築社、一九九〇）
・鈴木博之ほか：『建築20世紀　1・2』（新建築臨時増刊）（新建築社、一九九一）
・初田亨・大川三雄・藤谷陽悦：『近代和風建築─伝統を超えた世界』（建築知識、一九九二）
・内田青蔵：『日本の近代住宅』（鹿島出版会、一九九二）
・藤森照信：『日本の近代建築　上・下』（岩波書店、一九九三）
・中谷礼仁：『国学・明治・建築家─近代「日本国」建築の系譜をめぐって』（一季出版、一九九三）

・近江栄・大川三雄：『近代和風建築を支えた工匠に関する史的研究』（住宅総合研究財団、一九九三）
・鈴木博之・山口廣：『近代・現代建築史』（新建築学大系五）（彰国社、一九九三）
・石田潤一郎：『関西の近代建築』（中央公論美術出版、一九九六）
・『堀口捨己の「日本」―空間構成による美の世界』（彰国社、一九九七）
・大川三雄・川向正人・初田亨・吉田鋼市：『図説　近代建築の系譜―日本と西洋の空間表現を読む』（彰国社、一九九七）
・『谷口吉郎の世界―モダニズム相対化がひらいた地平』（彰国社、一九九八）
・石田潤一郎・中川理『近代建築史』（昭和堂、一九九八）

【その他】（公園・博物館・博覧会ほか）

・『東京国立博物館百年史』（一九七三）
・金井円訳：『描かれた幕末明治―イラストレイテッド・ロンドン・ニュース日本通信一八五三―一九〇二』（雄松堂、一九七三）
・田中正大：『日本の公園』（鹿島出版会、一九七四）
・佐藤昌：『日本公園緑地発達史　上・下』（都市計画研究所、一九七七）
・『博物館学講座二　日本と世界の博物館史』（雄山閣出版、一九八一）
・末松四郎：『東京の公園通史　上・下』（郷学舎、一九八一）
・吉田光邦：『万国博覧会の研究』（思文閣出版、一九八六）
・椎名仙卓：『日本博物館発達誌』（雄山閣出版、一九八八）
・『日本の庭園美』（集英社、一九八九）
・前島康彦：『東京公園史話』（東京都公園協会、一九八九）
・尼崎博正：『植治の庭―小川治兵衛の世界』（淡交社、一九九〇）
・丸山宏：『近代日本公園史の研究』（思文閣出版、一九九四）
・渡邊勝利：『小説「星岡茶寮」』（東京経済、一九九四）
・池野藤兵衛：『料亭　東京芝・紅葉館』（砂書房、一九九四）
・白幡洋三郎：『近代都市公園史の研究―欧化の系譜』（思文閣出版、一九九五）
・東京都公園協会：『東京の公園一二〇年』（東京都建設局公園緑地部、一九九五）
・白幡洋三郎：『大名庭園―江戸の饗宴』（講談社、一九九七）

あとがき

サブタイトルとして「茶の湯空間の伝承と展開」と名付けた。この意味は「まえがき」にも記したように、近代のものとして新奇なもののみを追い求めるのではなく、建築行為のさまざまなあり方、とりわけ「伝えられること」を重視してのことである。そしてそこから新しい展開がみえてくる、と考えてのことである。歴史のつながりや相互のかかわり、それが今日《こんにち》では環境という考え方にも続いている。小著はそのような視点をもってまとめたものである。

大きな目標を掲げながら、しかし意を尽くすことができたか、逆に大きな不安もある。藤井厚二ではないが、「迂遠《うえん》の点はなかったか迷惑をかけはしなかったかと心配し、もっと良い答をすればよかったと後悔し、……」と案じている。

ここで取り上げた多くの建築は、『HIROBA』誌や『淡交』誌に連載時、また本書を著すに際して、改めて取材したものである。関係各方面の方々にはいろいろと便宜をはかっていただいた。

また、写真の多くは、田畑みなおさんに撮影し提供していただいたものである。文章だけでは不足する情報をおぎなって、なお余りあるものである。

そして淡交社の川口壽夫さん、山岡公子さんには大変お世話になった。森田真示さん、坪倉宏行さん、建築士会の皆さんにも、それぞれの連載時からお手をわずらわせた。

最後になったが、各位に感謝の意を表する次第である。

（なお、扱った建物の中には現存しないもの、あるいは一般公開されていないものも多いので、ご注意いただきたい。）

平成十六年五月

桐浴邦夫

[な]
長野宇平治（ながのうへいじ）　14, 16, 130
西川一草亭（にしかわいっそうてい）　113

[は]
バウハウス（Bauhaus）　66
白雲洞（はくうんどう）　18, 20, 59, 75〜76
八勝館（はっしょうかん）　16, 22, 113〜115
原三溪（はらさんけい）　18, 27, 51〜55, 59, 75, 76
表現主義（ひょうげんしゅぎ）　11, 15, 91, 107, 109,
藤井厚二（ふじいこうじ）　15, 22, 86, 101〜105
古田織部（ふるたおりべ）　32, 34, 59, 131, 132
ポスト・モダン（post moderm）　12, 110, 130
堀口捨己（ほりぐちすてみ）　11, 15, 16, 22, 23, 75, 78〜80, 86, 106, 109, 110〜118, 127

[ま]
益田鈍翁（ますだどんおう）　18, 20, 59, 60, 70, 75〜76
町田久成（まちだひさなり）　26〜28, 32
松平不昧（まつだいらふまい）　18, 60
松永耳庵（まつながじあん）　18, 53, 55〜59, 75, 76
ミース・ファン・デル・ローエ（Mies van der Rohe）　11, 122
村田珠光（むらたしゅこう）　50
村野藤吾（むらのとうご）　11, 16, 23, 111, 127〜134
モダニズム（modernism）　11, 12, 15, 16, 22, 23, 78, 91, 94, 107, 109, 110, 113, 117, 124, 130

[や]
柳宗悦（やなぎむねよし）　65〜69
山口玄洞（やまぐちげんどう）　60, 61, 64, 77〜78
様式建築（ようしきけんちく）　12, 112, 128, 130
吉田五十八（よしだいそや）　16, 21, 118〜123

[ら]
ライト、フランク・ロイド（Wright, Frank Lloyd）　15
利休堂（りきゅうどう）　18, 42, 43, 45, 46, 130
歴史主義（れきししゅぎ）　11, 100, 112, 111

◎索　引

［あ］
伊東忠太（いとうちゅうた）　14, 15, 16, 111, 112, 130
井上馨（いのうえかおる）　35, 51〜48, 70
仰木魯堂（おおぎろどう）　18, 19, 69, 73
織田有楽（おだうらく）　53, 132〜134

［か］
柏木貨一郎（かしわぎかいちろう）　69
桂離宮（かつらりきゅう）　16, 23, 29, 73, 74, 79, 95, 96, 97, 105〜110, 112, 115
北大路魯山人（きたおおじろさんじん）　44, 80〜82
木村清兵衛（きむらせいべえ）　63, 69〜74, 86
擬洋風（ぎようふう）　12, 123
玄々斎千宗室（げんげんさいせんそうしつ）　69, 86
構成主義（こうせいしゅぎ）　91, 93, 128
小堀遠州（こぼりえんしゅう）　106, 131, 132
コンドル、ジョサイア（Conder, Josiah）　44, 48

［さ］
重森三玲（しげもりみれい）　94〜98
如庵（じょあん）　132〜134
シンケル、カール・フリードリッヒ（Schinkel, Karl Friedrich）　123, 124
千利休（せんりきゅう）　16, 22, 29, 30, 31, 43, 46, 50, 61, 69, 70, 100, 102, 113, 130, 131

［た］
待庵（たいあん）　112, 131
タウト、ブルーノ（Taut, Bruno）　16, 23, 73, 105〜110
高橋箒庵（たかはしそうあん）　18, 60, 63, 64, 70, 73
武田五一（たけだごいち）　11, 14, 15, 22, 100〜101, 102, 111, 131
武野紹鷗（たけのじょうおう）　30, 70
タトリン、ウラジミール（Tatlin, Vladimir）　128
谷口吉郎（たにぐちよしろう）　16, 86, 127〜123
聴竹居（ちょうちくきょ）　15, 22, 86, 101, 102〜105
土橋嘉兵衛（つちはしかへえ）　60, 63, 65, 67〜69

著者略歴
桐浴邦夫（きりさこ　くにお）

1960年、和歌山県生まれ。

1986年、京都工芸繊維大学大学院修了。

現職は、京都建築専門学校。

専門は、建築歴史意匠、茶の湯文化、文化環境。

工学博士、一級建築士。

主論文に「近代数寄屋建築の黎明―公に設置された明治期の数寄屋建築―」（東京大学博士論文)、「武田五一『茶室建築』をめぐって―その意味と作風への影響―」（日本建築学会）など、著書には『図説 木造建築事典 基礎編』（共著・学芸出版)、『京都の赤れんが』（共著・京都新聞社)、『民俗建築大事典』（共著・柏書房）など。

近代の茶室と数寄屋
―茶の湯空間の伝承と展開―

2004年6月18日　初版発行

著　者　　桐浴邦夫
発行者　　納屋嘉人
発行所　　株式会社　淡交社
本社　京都市北区堀川通鞍馬口上ル
営業　(075)432-5151
編集　(075)432-5161
支社　東京都新宿区市谷柳町39-1
営業　(03)5269-7941
編集　(03)5269-1691
http://tankosha.topica.ne.jp/
印刷・製本　　図書印刷株式会社

©桐浴邦夫　2004　Printed in Japan
ISBN4-473-03176-4